JIEMI
WENMING
GUGUO

解密文明古国

牛建军 ◎ 编著

不可思议的玛雅

中州古籍出版社

图书在版编目(CIP)数据

不可思议的玛雅 / 牛建军编著. -- 郑州：中州古籍出版社, 2014.1
ISBN 978-7-5348-4252-8

Ⅰ.①不… Ⅱ.①牛… Ⅲ.①玛雅文化—通俗读物 Ⅳ.①K731.2-49

中国版本图书馆 CIP 数据核字 (2013) 第 084835 号

出版社：	中州古籍出版社
	（地址：郑州市经五路 66 号　邮政编码：450002）
发行单位：	新华书店
承印单位：	永清县晔盛亚胶印有限公司
开本：	787mm×1092mm　　1/16　　印张：12
字数：	156 千字
版次：	2014 年 1 月第 1 版　　印次：2014 年 1 月第 1 次印刷

定价：29.80 元

本书如有印装质量问题，由承印厂负责调换。

引子　寻找诺亚方舟

翻开《圣经》中的《创世记》，最引人入胜的传说就是诺亚方舟的故事。

传说，亚当和夏娃因偷食禁果被上帝逐出了伊甸园，千年之后，他们的子子孙孙遍布了整个大地。因受了上帝的诅咒，堕落和仇恨的人们无休止地相互厮杀、争斗、掠夺，人世间的暴力和罪恶到了无以复加的地步。上帝再也不能忍受，终于发怒了："我要将所造的人和走兽并昆虫以及空中的飞鸟都从地上消灭。"

在罪孽深重的人群中，上帝选中了诺亚一家作为新人类的种子，并让他们制造了一艘巨大的方舟。在滔天的洪水中，万千生灵被吞噬，只有诺亚一家及一些上帝允许乘载的生物得以生存下来……

据《创世记》第八章所载，方舟最后停靠在土耳其东部的亚拉腊山上，地球上的生命再一次延续发展开来。

千百年来，无数人相信诺亚方舟曾真实存在，也有许多人试图去寻找那艘方舟，曾有多次方舟被发现的传言，但都仅止于传言。

人们寻找方舟，一是因为《圣经》中对方舟有着详细的记载，从而引发人们巨大的好奇。很多现实当中的事物都能在《圣经》的记载中找到，比如伯赛大城。同时，诺亚方舟的大小、制造时间、驶出方向一直都是人们想知道的，如果能证实它曾真实存在，肯定会在全球引起巨大轰动。其二，人们对当今世界许多生物的加速灭绝存在着担忧，也对未来世界的毁灭心怀极度恐惧，而诺亚方舟在人们心中无疑点燃了希望。

近年来，又出现了一种新的说法：诺亚方舟搁浅在亚拉腊山脉面向黑海的一个山坡上，并可能因为黑海水位暴涨沉入黑海海底。这个说法立刻引起了很大轰动，其中美国深海探险家罗伯特·巴拉德博士对此特别关注，他希望自己有机会去探寻方舟的下落。当听说"方舟可能沉入黑海海底"这个大胆的推测后，他决定亲自到黑海去探个究竟。

罗伯特·巴拉德是世界上"最伟大的海底探险家"之一，他因发现泰坦尼克号残骸而声名远播。除泰坦尼克号外，他还发现了具有传奇色彩的德国战舰"俾斯麦"号和二战期间约翰·F·肯尼迪指挥的PT-109潜艇残骸。现在，"诺亚方舟"是他的新目标。

巴拉德之所以被黑海吸引，并不完全是因为方舟。事实上，和许多科学家一样，他怀疑方舟是否真的存在。即便方舟不在黑海的海底，那里仍存在许多秘密等待他去发现。巴拉德这次探险除了寻找传说中的方舟，还有另外两个目标，一是沿着黑海南岸，寻找被大洪水淹没的古代村落；二是在2000多米深的水面下，找寻一条纵贯南北的古代航道。

巴拉德率领着一支远征小队出发了，不久，他们在距土耳其沿岸12英里远的黑海取得重大收获。在海平面下310英尺深处，他们发现了一个呈长方形的地基。据推测那里在七千年前曾经是一片建筑的旧址。从建筑规模来判断，当时黑海周围有着众多的人口居住。

这是否就是诺亚方舟时代被淹没的一处人类聚居地呢?科学家没有给出答案。

2010年4月28日,一支探索队在北京宣布他们发现了诺亚方舟遗迹。这支探索队是由香港人和土耳其人组成的,他们是在土耳其东部的亚拉腊山海拔超过4000米处发现诺亚方舟遗迹的。他们宣称,探索队员成功地进入了巨型木结构的方舟内,并且在方舟内发现了陶器、绳索以及类似种子的物体。

据他们介绍,这艘"方舟"共有7个空间,最大的空间高5米、长10米。"方舟"共分上中下三层,里面还有数个隔间,其中的一间带有木杆围栏和一些绳索,猜测是诺亚人用来圈养动物的。他们对遗迹进行了碳元素鉴定,结果表明此处遗迹的年代可追溯至4800年前,而这个时间也恰恰与圣经中所提及诺亚方舟的年代相吻合。

参与此次探索的还有荷兰著名方舟探索家格力特·艾顿,他认为此次发现的诺亚方舟遗迹,有很多细节与历史记载吻合:方舟遗迹位于海拔4000米以上的山坡、轻微倾斜、棕红色的木头、很长的长方形。艾顿坚信这个木结构遗迹就是圣经中记载的诺亚方舟。

这一发现也引起了土耳其政府官员的高度重视。土耳其亚勒省文化局局长米辛·布卢表示:两千多年以来,历史记载及目击者证据都指出,有一艘古老的大船避过洪水而停泊于亚拉腊山上,人们相信那就是诺亚方舟。而这次探险队发现的这个长方形木结构遗迹,以及初步的科学研究,令人相信这就是历史记载中的诺亚方舟遗迹。

然而,也有许多科学家并不认可这一观点,争论还在持续。

人类是有着极其强烈的忧患意识的,我们居住的地球终将有毁灭的一天!到那时人类该向何处去?如果地球毁灭,数万年的人类文明也将湮没在茫茫宇宙中,那该多么可惜!也许人类真的需要未雨绸缪,预先建造未来的方舟吧。

据悉,欧洲航天局已经制定了一项计划——在月球上打造一艘末日方舟,然后把地球上重要的生物物质和人类文明信息储存在里面。当地球遭遇灭顶之灾时,它或许能担负起传承文明的重任。

这个方舟的资料库包括一些储存人类知识的硬盘,比如生物的DNA序列、冶金说明和种植庄稼的知识等信息。这些硬盘会被深藏在月球地下的地窖里,另外,地窖里还将包括一些生物物质,例如微生物、动物胚胎和植物种子等,甚至还会有一些文物。

一旦地球面临被小行星或核战摧毁的危险时,这个资料库就会被激活。科学家们希望能在2020年之前,把第一批试验性数据库送上月球,预计它的保存寿命是30年。完整的人类文明数据库将在2035年发射升空,这些信息分为阿拉伯语、汉语、英语、法语、俄语和西班牙语等多种版本。

就像科幻小说里描写的那样,这艘月球上的方舟会持续向地球上的接收器发送信号。假如灾难过后,地球上的接收器被毁灭,方舟也会继续向宇宙发送信号,等待存活下来的人类重新制造出接收器。

或者,那时人类已经灭亡,那就只能等待其他智能生命来捕捉这一份来自月球的"地球遗产",并将地球文明传承下去吧。

打造未来的方舟还需要漫长的时间,人类不得不耐心地等待。

带着无数疑问,让我们一同走近神秘的玛雅世界吧!

目录

◎ 引子　寻找诺亚方舟

◎ 玛雅人的宇宙观和人生观

一、玛雅人的宇宙观……………………………… 1
二、玛雅人的人生观……………………………… 3

◎ 探秘神奇玛雅

一、被撞毁的玛雅星？…………………………… 6
二、通往天堂的隧道……………………………… 8
三、神秘的死亡瓶………………………………… 10
四、水下生活……………………………………… 12
五、水晶头骨里的秘密…………………………… 16

◎ 猜想玛雅

一、玛雅文明史上的"断层"之谜……………… 25
二、玛雅人是中国人的表亲吗？………………… 31

◎ 追踪玛雅

一、发现玛雅……………………………………… 45
二、玛雅人的神秘栖息地………………………… 53
三、玛雅文明的发展史…………………………… 57

目录　1

四、千年前的血战 …………………… 66
　　五、玛雅人的文明遗迹 ………………… 71

◎ **走近玛雅——玛雅人的生活**

　　一、玉米文明 …………………………… 95
　　二、玛雅人的儿时光阴 ………………… 101
　　三、没有爱情的婚姻 …………………… 109
　　四、面对死亡 …………………………… 111
　　五、两性之间 …………………………… 113
　　六、玛雅人的社会秩序 ………………… 115
　　七、玛雅人的经济生活 ………………… 120
　　八、玛雅人奇特的审美观 ……………… 122

◎ **走近玛雅——玛雅人的文化**

　　一、玛雅人的有字天书 ………………… 132
　　二、人神之间 …………………………… 146
　　三、玛雅人的艺术才能 ………………… 156
　　四、玛雅人高超的数学水平 …………… 172
　　五、神秘的玛雅天文历法 ……………… 178

玛雅人的宇宙观和人生观

一、玛雅人的宇宙观

在古代文明中,天堂是一个集所有美好于一身的美丽结合体,它寄托了人类生前所有的不能达到的希望和梦想。在玛雅人的意识里也有一个天堂,他们的天堂由于玛雅人的生活环境的影响而有一定的逻辑性和现实性。

在玛雅人的观念里,宇宙中充满了与众神共鸣的神秘力量,并且这些神秘力量充斥着整个宇宙。所以,玛雅人在构想宇宙空

玛雅末日预言碑文出土

间的时候，认定宇宙是垂直空间与水平空间的结合体。

从垂直的空间来看，他们分为上、中、下三界。

上界就是所谓的天堂，这是诸神活动的舞台。和其他的人一样，天堂也是玛雅人的终极理想，是玛雅人寻找幸福的所在。好的地方大家都会挤破脑袋想进去，玛雅人也同样拥有人类的共同心理。空间有限，人类数目无限，所以在玛雅人的意识里也并不是所有的人都有条件、有资格挤进天堂里边，他需要"门票"或者说是"资格证"。玛雅人认为有这样几类人是拥有进入天堂的"资格证"的：自杀者、勇敢的战士、被祭祀的人、难产而死的妇女以及祭司们。

为什么，玛雅人会"选择"这些人上天堂呢？在玛雅人看来，自杀者是主动把自己的一切交给神祇的人，况且自杀比其他的任何一种死亡的方式都需要更大的勇气，所以他们敬佩自杀的人，认为自杀者该上天堂。而勇敢的更是不在话下，之所以冠以"勇敢"的修饰词，肯定跟他们积极参加征战有关，据说这些战士不仅可以享有被用来祭祀的最高荣誉，他们的血肉还会被参与人分享。被祭祀的人就是献给神的人，所以他们能够顺利地获得进入天堂的"通行证"。祭司本身就属于半人半神的角色，所以他不会在不属于他的地方过多停留。而难产而死的妇女能够进入天堂是缘于对生命的崇拜。

下界就是地狱，也是中国人观念里的地府。在玛雅人的观念里，下界同上界一样也是一个存在超自然力量的领域。玛雅人把下界看成孕育生命的地方，在这个地方非常潮湿，有两条大河穿梭其间。也正是因为如此，所以玛雅人认为通过岩洞或像湖泊、天然井这样静止不动的水域可以直接到达下界。在玛雅人的观念里，下界不仅蕴藏着孕育生命的力量，还是腐朽和疾病并存的地方，所以人们对这里多少有点儿害怕。对于那些自然死亡的人，玛雅人通常会认为他们会去下界报到。

中界就是人类和动物生活的地方，宇宙的中央轴就在这里。宇宙的中央轴是一棵大木棉树。这棵大树的树枝可以直接伸向天空，到达上界，它的根可以直接钻入大地，到达下界。而上、中、下三界的超自然力量都在这棵大树里涌动。

从中央轴向四周蔓延形成四个部分，在这四个部分里分别栽着一棵"宇宙树"对应着东、西、南、北四个方向。而在这四方的"宇宙树"上又住着四个"恰克神"。这四个神手里拿着一个装满了水的小水罐，当这四个神站在天空倒小水罐里的水时就是天降大雨之时。并且这四个方向都有属于自己的颜色。玛雅人认为东方是太阳升起的地方，是太阳的再生，所以东方的颜色是喜庆的红色；而西方是太阳落下的地方，是太阳的死亡之地，所以用黑色作为西方的代表色；北方是先人和亡者的方向，它所对应的颜色是白色；南方是太阳的左手，所对应的颜色是黄色。

二、玛雅人的人生观

玛雅人是典型的宿命论者，在他们的思想意识里，有一个根深蒂固的观念：该来的总是要来的，躲是躲不掉的。玛雅人之所以有这样悲观的人生观点，可能缘于他们的第四世界观。

在玛雅人的意识里，他们生存在第四个世界里，在第四个世界出现之前曾经存在了三个世界。

第一个世界的居民是一些个子很矮小的人。他们曾经建造很多雄伟壮观的建筑，而第四个世界的玛雅人居住的城市就是这些小矮人建造的城市的废墟。这些小矮人建造城市是在黑夜里进行的。太阳一升起来这些小矮人就变成了石头。考古学家真的在一些玛雅人的石祭台上发现了玛雅人雕刻的矮人模样，这些石头雕刻可能就是玛雅人想象的第一世界里矮人的模样。

第二个世界居民是一群"侵略者"。

第三个世界就是玛雅人自己居住的世界。

前边这三个世界都无一例外的被大洪水淹没，也正是因为前三个世界被淹没，才有这第四个世界的产生，但是第四个世界也终将被大洪水吞噬，无论这世界有多么的美好。

玛雅人第四世界的观点直接影响了他们对人生的看法，他们心中的那种无助感一直充斥着他们的全部神经。

因为玛雅人始终抱着一种终将灭亡的观点，所以他们把死神看得特别重要。玛雅人很愿意相信死神对于人类的诅咒一直存在，死神和那些保护人类的好神一起存在，他们不知道死神的冰冷之手会在什么时候伸向自己。所以玛雅人把自己的一切都交给他们的神，他们的生命是否能够延续完全取决于是好神还是坏神的胜利。

玛雅人的这种无助感还表现在他们的社会生活中，比如：他们不断地征战，在宗教活动中大搞人祭……他们这些行为只是为了使他们心中的庇护神对他们多一些眷顾与照料。

正是因为玛雅人始终抱着这种终将灭亡的观点，所以大多数玛雅人不管是对大自然还是对他人都是无欲无求的，他们安分守己地种地、吃饭，很少有物质上的追求。他们这种安于天命的心态与他们第四世界的观点是和谐统一的。

　　古代玛雅人是神秘的，他们的文明更是神奇的，有些现象至今无法解释。或许，我们可以轻撩历史的面纱，一窥古玛雅的真面目……

探秘神奇玛雅

一、被撞毁的玛雅星？

在人类赖以生存和栖身的太阳系中,有着众多令人类难以解读的神秘现象,例如——

为什么在八大行星中间,在原本"应该"有一颗行星的地方,却有成千上万颗小行星?为什么八大行星中的六颗行星都是自西向东自转,唯独金星主天王星例外?为什么木星和土星的好几个卫星的公转方向,与其他卫星相比是"背道而驰"的呢?为什么天王星"躺"在轨道上绕太阳转?

太阳系中各天体间存在着如此之多的不解之谜,许多天文学家认为就整个太阳系而言,这些现象之间是有着密切关联的。有些天文学家把这些谜团大胆归结到一个假设的原因上,那就是:在地球与金星之间本来是有一颗名叫"玛雅星"的行星的,大约在公元6500万年前,一颗来历不明的大行星"闯"进太阳系,它一路"横冲直撞",并最终撞毁了玛雅星,同时自身也四分五裂……

为什么天文学家们把这颗被撞毁的行星称之为"玛雅星"而不是其他的什么星呢？这与曾在中美洲尤卡坦半岛上栖息过的玛雅人有关。

玛雅人是地球上一个最神秘莫测、最富有传奇色彩的民族。早在远古时代，玛雅人就在天文、建筑、医学、历法等方面取得了辉煌的成就，他们建造了富丽堂皇的宫殿，修筑了台阶状金字塔式的纪念碑和寺院……

在玛雅人留下的许多关于天体方面的资料中，最令人惊叹不已的莫过于推算出卓尔金年260天，金星年584天，地球年是365.2520天（现在的科学计算是365.2422天）。既然玛雅人的地球年、金星年都是针对两个太阳系大行星而言的，那么卓尔金年是不是也与某个大天体有着神秘的联系呢？但是众所周知，在太阳系内并没有公转周期为260天的大行星。那么这个天体哪里去了？是不是跟小星星带有必然联系呢？一系列的问题在天文学家们的头脑中萦绕着。

于是便有人大胆地提出了一个近似于科幻小说的设想：在数亿年前，在金星与地球之间有一颗叫作"玛雅星"的行星，玛雅人就生活在这个星球上，他们曾经拥有高度发达的文明，而且他们的文明已远远超过地球人类的现代文明。玛雅人在属于他们的星球上过着幸福的生活。

但是有一天，不幸降临在玛雅星上，玛雅星由于某种目前尚不可知的原因走到了生命的尽头。于是一些玛雅人就在玛雅星大爆炸前移民来到地球上，而他们的260天的计年法，则成为他们世代相传、永远无法湮灭的记忆。

玛雅历中规定每52年（260/5=52，墨西哥的阿兹特克人便一直采用52年月日一个循环的计年法）要建造一定台阶级数的建筑物（如寺庙和金字塔），建筑物的每一块石头都与历法有关,每一座建筑物都严格地符合某种天文上的要求。而且每过5个52年,玛雅人都会举行隆重的祭祀仪式,以纪念他们在玛雅星上曾经的幸福生活……

但假想总归是假想,直到目前都没有资料能证实玛雅星真的存在过,更不要说玛雅人从玛雅星迁居到地球上了。

二、通往天堂的隧道

20世纪70年代,人们发现了一条玛雅人的古隧道,据有关专家推测它至少有5万多年的历史,或许年代更久远。这条古隧道位于南美洲,它离地面约250米深,仅在厄瓜多尔、秘鲁境内就有数万米长。隧道的秘密入口由一群古代玛雅人的后裔把守着。他们称隧道是"神灵"居住的地方,他们遵从祖训世世代代守卫在这里。

考古学家们在古隧道里发现了许多远古文物,这些物品被放置在隧道里的众多洞穴中,这些发现令考古学家们大为振奋。更使考古学家们兴奋的是一些刻有符号和象形文字的金属薄片以及不同形状

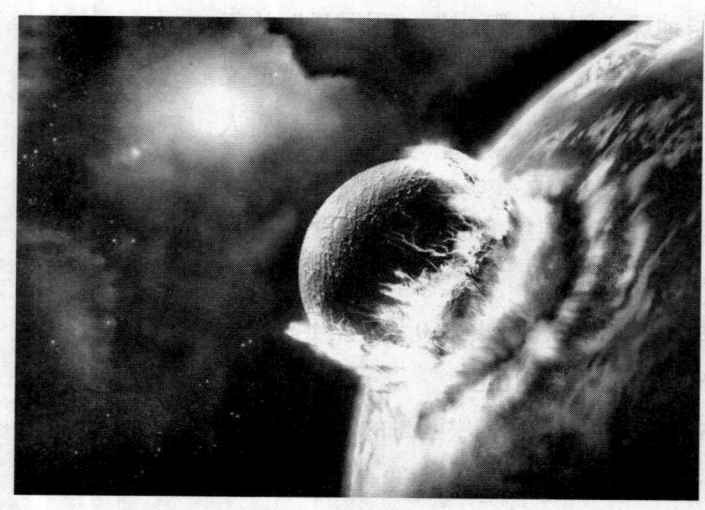

被撞毁的玛雅星

和色彩的石器和金属制品。可惜的是直到今天也没人能破译出这些文字的含义。

这条隧道的穴壁就像经过磨光似的光洁平滑，与地面成直角。穴顶平坦，像涂了一层釉，不像是天然形成，而像是某种机械削切的结果。

隧道中有个"大厅"长164米，宽153米，里面放着像桌子、椅子似的"家具"。奇怪的是这些物品的材料很特殊，既不是钢铁、石头，也不是塑料和木材，而它们又有着钢铁和石头般的坚硬和笨重，在地球上至今没有发现过这种材料。"大厅"里面有许多金属薄片，大多长约100厘米，宽50厘米，厚度约2厘米，一片一片排列着，像是一本装订好的书。金属片上都写有很多符号及象形文字。据专家认定这些符号应该是机器有规律地压印上去的。

隧道里还有许多用黄金制作的图案，其中有两块雕刻的是金字塔。每个金字塔旁边都刻着一排符号，还有一个用黄金雕刻的柱子，这个柱子长52厘米，宽14厘米，厚3.8厘米，柱子上刻有56个方格，每个方格里都有奇怪的符号。

古代玛雅人为什么开凿如此工程浩大的隧道？里面的物品及文字又隐藏着什么样的秘密？考古学家们表示，位于地下的迷宫和隧道是专门为逝者准备的。玛雅人把它看成是连接生命与死亡的通道，它们在古玛雅文明中具有重要的社会和宗教意义。

如果只是仅此而已，考古学家们关于隧道的上述推断，或许是成立的，可是无独有偶的是：早在19世纪40年代，美国人拉姆在墨西哥的恰帕斯州密林考察时就发现了一条远古隧道；英国考察队在墨西哥马德雷山脉也发现了地下隧道，这条隧道可通往危地马拉，每当拂晓，地下隧道就发出敲鼓一样的声音，声震远方。

阿塞拜疆也发现了一条古代地下隧道，隧道里有一些20多米高的大厅，还有很窄的拱形门。据说洞中不时发出奇妙的声音和光。

据考古探测和远古文献记载，考古学家推断地球上很可能有一条穿越大西洋底，连接欧、亚、美、非的环球地下隧道，这些古隧道又很可能是古代玛雅人的杰作。

如果说玛雅人建造隧道是为了连接生死的话，那么在其他地区发现的隧道又是干什么的呢？如果这条穿越大西洋底，连接欧、亚、美、非的环球地下隧道存在的话，那么玛雅人是不是通过这条隧道迁移到美洲大陆的呢？如果发现的隧道不全是玛雅人挖的，那么生活在各大洲的人类不约而同地挖掘隧道的目的又是为了什么呢？真的都是想沿着这条隧道走向天堂吗？他们怎么那么的一致，是不是太奇怪了？

三、神秘的死亡瓶

在考察玛雅文明遗址时，考古学家们还发现了一个神秘的"死亡瓶"，其历史可追溯至1400年前的玛雅文明时期，相关考古专家推测这个神秘的"死亡瓶"可能是当时玛雅人在祭祀时使用的与祖先"通灵"的器皿。

这是一个没有瓶塞的瓶子，它是2005年在洪都拉斯西北部一个小型金字塔状宫殿下被挖掘出来的，当时瓶子旁还有一具人体骨骼残骸。考古学家对瓶子内部和外部的土壤均做了分析，结果显示在这些土壤里含有玉米、可可树以及吐根树花粉的成分，而这种花粉人服用后会出现严重呕吐现象。

种种迹象表明这个神秘瓶子可能是一千多年前古代玛雅人在祭祀仪式中所用的重要器皿，当人们服用瓶内的"迷药"物质会表现出精神恍惚。或许古玛雅人认为人只有在这种状态下才能够实现与祖先"通灵"，通过与祖先的接触和沟通可以预知将来的灾难。

据专家猜测，古玛雅人祭祀时有以下几种通灵方式：祭祀者对自己的身体进行切割或放血；口服大量的浓可可灌肠液产生昏迷；吸食人脑浆然后呕吐。

虽然考古学家对这种瓶子的用途找到了一些线索，但是仍没有十足的证据，毕竟死亡瓶旁边的那具骸骨不可能再站起来告诉人们他身旁的死亡瓶到底是用来干什么的。

除此以外，考古学家对于这瓶子的出土地点也困惑不解。这个瓶子出土于洪都拉斯一个山脉中的一座偏僻的小型玛雅遗址，考古学家是在一个类似金字塔的宫殿下挖掘到的。这个类似金字塔的宫殿是一个台阶型建筑物，在其顶端有一个单个的房屋，这个房屋呈矩形。它看上去像一个房屋，但却非常精美细致。从金字塔状宫殿和瓶子来推测，这个宫殿的建造是为了纪念具有一定声望的玛雅贵族名仕，或者这儿是一个不同寻常的农业村庄。可是从该地区的其他玛雅遗迹来看，这是一处非常小的古迹，很不起眼。但为什么会有如此超等级的祭祀器皿埋藏于此呢？

于是相关的考古学家大胆猜测，埋葬于这个金字塔状宫殿下的玛雅人是当地的历史重要人物，很可能是标志着一个文明时代结束的玛雅人祖先。这位玛雅人祖先应该是一位重要人物，他很可能是这个部落和村庄的奠基人，大约在公元650年左右，当坟墓埋葬之后，金字塔状宫殿很快就在坟墓之上建造完毕。然而，这个死亡瓶是在坟墓埋葬一百多年之后才放入墓室中的，这很可能是当地玛雅人为了纪念这位祖先。

但是猜测终究是猜测，时过境迁，这个神秘的玛雅古瓶到底是干什么的，为什么会埋在这里，还是个谜。

四、水下生活

古代玛雅人在水下生活吗？

世界最有名的国际潜水科考小组之一——不列颠·哥伦比亚潜水小组曾经向媒体透露，他们在墨西哥东南的尤卡坦半岛考察时，发现了一条结构复杂、且洞穴相连的地下河流。这条河流约有320千米长，有可能是世界上最长的地下河流。

让这些科学家目瞪口呆的是，在该地下河的最深处，潜水员们竟然发现了古代玛雅人砌成的炉灶、石桌以及陶器等物。

这一发现简直可以用石破天惊这个词来形容，人们不禁要问：为什么在地下河里会有玛雅人的生活日常用品呢？难道古代玛雅人曾经在水底生活？

地下河的发现

这条地下河位于尤卡坦半岛距地面表层约有30米深的地方，它最早为世人所知是在1998年。

在这一年，世界最有名的国际潜水科考小组之一——不列颠·哥伦比亚潜水小组对于尤卡坦半岛的天然井产生了兴趣，因为他们发现这些位于丛林中的深井不但常年不干而且水质清纯。为了揭开这个谜底，该科考小组的一位潜水员从当地一个不宽的井口潜下水去。

没想到下井后发现，该井竟然没有尽头，这位潜水员潜了足有800米长，吃惊地发现井里面竟是一个无比宽广的"水底世界"——一条条错综复杂的地下通道，不知通往何方，一些形状古怪、不知姓名的水生物、小鱼、小虾等，同样好奇地在他这个陌生的访问者身边游来游去，轻啄着他的潜水服。

这位潜水员担心会有危险不敢走远，便按捺住好奇的心潜回到了地面上，并向他的组织报告了他的发现。科考小组觉得这井底下应该还有内容，所以他们当即决定，从欧洲运来最先进的设备考察这条神秘的地下河。

几个月后，一些重达几千磅的最新测量设备、水下灯、高级潜水服、瓦斯车等，通过马背陆续运到了位于丛林深处的现场。潜水员们立即全副武装对这条神秘的地下河进行了进一步的探索。

对于这条地下河的探索是极其困难的事情，因为地下河里地形错综复杂，有时仅仅为了勘探一个深不可测的凹穴，潜水员就得在水底熬上几个小时。

经过一段时间的考察，科学家们对这条地下河作了初步的判断：估计该地下河至少有320千米长，尽管无数个通道像迷宫似的让潜水员们大伤脑筋，但地下河的总流向应该是个大三角形。而且科学家们进一步研究后发现，该地下河在玛雅人的传说中早有记载，古玛雅人称之为"欧西贝哈"，意思就是"万水之源"。

炉灶石桌惊呆科考潜水员

虽然对这条神秘地下河的大体情况有了了解，可是科学家探索的脚步没有就此停下，因为他们坚信在这条河里应该还有更深刻的内容他们没有挖掘到，也许这条河会与玛雅人的起源有很大的联系，他们期盼这条河能给他们更大的惊喜。

这些科学家就是抱着这种想法延续着对这条河的探索道路，尽管地下河考察工作曾因为安全等原因一度面临停顿，但科考小组仍然克服重重困难，坚持测绘地下河的形状。他们一次又一次地潜到河底测量着这条河的具体路径，并绘制出水底深穴的形状。

每次潜水员潜到水底工作就站在了危险的边缘上，他们试图依靠身边这些设备，在这条河里找到更多关于玛雅文明的东西。可是这个水底世界犹如一个变幻莫测的黑暗迷宫，潜水员们必须加倍谨慎，一个不小心，他们就会永远地消失在这个水底世界里。为了不迷路，潜水员们都随身带着一个线轴，一端系在入口处，一端拿在手上，每前进3米，就在线上打一个结。这样做既可以循线返回，又可以测量出前进了多少米。潜水员除了测绘水下世界的地形外，还附带收集水下生物的样本。

真是皇天不负有心人，虽然这条河并没有带给这些勇敢的科考者有关玛雅人起源的答案，可是他们的发现却使本次科考具有了全新的意义。

随着探测的深入，潜水员越走越远，在快到地下河的一半深处时，他们中有人意外地发现了一些早期人类生活过的痕迹！

潜水员陆续发现了一些保存完好的砌在石壁边上的炉

灶、石器时代的石桌和其他一些古人类的遗迹。科考小组的科学家们估计发现的遗物大约在9000至10000多年前。此外，科考小组还发现了其他一些玛雅时期的东西，诸如破碎的陶器、玛雅人的遗骸等。

面对这些意外发现，潜水员们十分震惊。玛雅文明已经够神秘，但他们怎么也不会想到，竟然会在30米深的地下河里发现古玛雅人砌下的炉灶、石凳——所有的发现都被原封未动地保留在原地，等待满怀疑惑的墨西哥国家人类和历史学会的考古学家们赶来，对这项惊人的发现作出解释。

玛雅人到底是不是生活在水下

随着水下考古发现的公布于众，它立即吸引了很多玛雅文明研究者的目光。有些人大胆地提出：古代玛雅人会像两栖动物那样，既能在陆地上生活，又能在水下生活，这些水下发现的人类生活用品就是这一论断的证据。

玛雅人能在水下生活的论点刚提出来就立即有人站出来反对。美国佛罗里达州某大学一考古学教授认为，这种假设是不大可能的。在水底生活必须要有类似鱼类的鳃，就像科幻片《大西洋底来的人》，但那仅仅是科幻，玛雅人的神秘仅仅在于他们的文明，譬如在尤卡坦半岛他们所留下的大量寺庙和金字塔遗址，但他们的身体构造和今人没任何区别。他认为在水底发现古玛雅人生活遗迹，应该从地质学的角度寻找原因。

他认为，在10000多年前，墨西哥尤卡坦半岛要远远高于现在的海平面，大气中的二氧化物和雨水混合形成富含碳酸的地下河水，长年累月腐蚀并"雕琢"出了这些洞穴。随着海平面继续降低，这些洞穴渐渐干燥起来，变得可以住人。随着冰河时代的结束，海平面又开始升高，这些干燥的洞穴又渐渐被水注满，古代人不得不离开洞穴到别处生活，但他们居住时留下的遗迹却仍旧保存在那儿。

据他称，洞穴和深井在玛雅人的宗教中占有相当重要的地位，他们将洞穴称之为"西诺蒂"，意思就是"神的井"，他们把它看作是到达阴间的"地狱走廊"，而不是人类居住的地方。

遗憾的是，这位考古学教授的论断看起来很合理，可是他的论断也是假设的。因为没有证据证明在一万多年前这里出现造海或者造河现象，既然前题是假设的，那么结论就不能成立。

所以，古代玛雅人到底能不能在水底下生活，还有待进一步对玛雅文明进行探索。

五、水晶头骨里的秘密

水晶头骨里的秘密

在美洲的土著人中，一直流传着一个古老的传说。传说中讲述，他们的祖先在世上留下了13块和真人头骨一般大小的会说话、能唱歌的水晶头骨。他们坚定地相信，这些祖先留下的头骨中蕴含着有关人类起源、发展和死亡的重要信息，甚至还能帮助人类解决许许多多未解之谜。传说中还讲述，当人类终有一天把这13块水晶头骨全部发现，并且聚集到一起的时候，这些神奇的头骨将会为人类破解那些被深藏的秘密……

> 不可思议的 玛雅…

一直以来，大多数人对于水晶头骨都认为这只是个美丽的神话或者是天方夜谭，没有人知道水晶头骨是什么、在哪里，人们对它一无所知。直到有一天水晶头骨横空出世……

水晶头骨的"横空出世"

尽管大多数人认为关于水晶头骨的传说只是天方夜谭，一些19世纪欧洲的探险家们却对这个传说深信不疑，尽管一直没人找到过那些传说中的水晶头骨，但是他们仍相信水晶头骨终会显现于天下。直到1926年，一位名叫安娜的英国姑娘终于有了一个惊人的发现。

安娜是英国的探险家、大英博物馆玛雅文化委会员的成员米歇尔·黑吉斯的养女，作为大英博物馆玛雅文化委员会成员的米歇尔，对玛雅文明痴迷而狂热几乎到了发疯的程度。

在1924年，米歇尔组织了一支探险队开始了他的玛雅探险工作。他们从英国利物浦出发，沿水路到达中美洲，与他同行的还有他心爱的养女安娜。

探险队在当地玛雅人后裔的帮助下，终于在今天中美洲的伯利兹荒无人烟的热带丛林中，发现了一处古代玛雅人的城市遗址。这是一座被藤蔓和大树淹没了的古城，探险队用了整整一年，才把这座古城清理出来，让它得以重见天日。

当这座古城废墟立在面前时，米歇尔惊呆了，城堡的高度远远超过周围的村庄，它高约45米，占地约10平方千米，包括金字塔、宫殿、墓冢、城墙和地下室，城堡的每个地方都用割好的白石头砌成，玛雅人竟然凭着原始的石斧创造出工艺如此精湛的作品，其劳动强度无法估量。

从小受养父的影响，17岁的安娜也对眼前的一切兴奋不已，她小心翼翼地爬上了城堡最高点的金字塔塔顶，一览热带

探秘神奇玛雅

丛林的绚丽风光。正是因为她当初的好奇心，才使得玛雅人的一个旷世之谜重见天日。

安娜正在饱览风景时，突然发现有一个东西在金字塔的裂缝深处闪闪发亮。她立即告诉了养父米歇尔，米歇尔于是带着探险队的全体成员登上了金字塔顶，把裂缝边松动的石头移开。经过了几周的努力，他们终于刨开了可容一个小个子进出的窟窿，安娜只身爬入这个窟窿的底部，一个东西的光芒刺痛了她的眼睛，她仔细一看，原来是块犹如人头骨的水晶，她非常兴奋，便把它带出了金字塔。

安娜发现的宝物是一块通体透明的水晶头骨的上半部分，米歇尔命令队员们继续挖掘。3个月后，他们找到了水晶头骨的下半部分，将两块头骨合在一起，正好与真人头骨一般大小。

这个水晶头骨长17厘米，宽和高各12厘米，重量是5公斤，它是用一大块完整的水晶，根据一个成年女人头颅的形状雕制而成的。它做工非常细致，鼻骨是用三块水晶拼成的，两个眼孔处是两块圆形的水晶，它的下颌部分可以跟头盖骨部分相连，也可以拆开，整个构造异常精巧。

按照惯例，米歇尔将水晶头骨献给了当地居民的首领。而当米歇尔的探险队将要返回英国时，当地的首领又将水晶头骨赠送给米歇尔，以回报探险队给他们提供药品和食物的帮助。后来人们就把这个头骨称作"米歇尔·黑吉斯水晶头骨"。米歇尔去世后，这个头骨就一直由安娜珍藏。

米歇尔在1954年出版的自传《危险，我的伙伴》中提到了这个水晶头骨，但是他所描述的水晶头骨的作用跟传说中的截然不同，在传说中，水晶头骨不是智慧的化身，而是邪恶的化身。据说，水晶头骨在玛雅至少有3600年的历史，玛雅人的大祭司在举行秘密仪式的时候会使用到它，当他借助水晶头骨发布命令时，死亡将无可避免的降临。

水晶头骨有超能力？

根据传说的内容，水晶头骨里隐藏了人类起源和死亡的秘密资料，能帮助人类解开宇宙生命之谜。如果这是真的，那它会以什么方式来告诉人们这些秘密呢？难道有一天它真的会开口说话吗？科学家们当然不会相信。他们认为，如果传说是真的，那么水晶头骨就有可能是一个储存秘密资料的信息存储器，通俗地说，就像是一个硬盘。

科学家们做过这样的实验，他们把水晶当作信息的存储介质，用激光把一些信息写进去，一段时间后又用指令将它恢复，里面的数据完好无损。实验证明，如果在数千年、数万年前有人把数据写进水晶头骨的话，它依然可以保存到今天。

如果水晶头骨真的是一个信息存储器，那么，数千年前的古代玛雅人是怎样将信息储存进去的呢，他们是不是已经掌握了现代人还没有掌握的科学技术呢？人们又该如何将信息提取出来呢？科学家们对此束手无策。

然而，古代玛雅人给我们的困惑还远不止于此。科学家们发现，当有光束照在这个头骨上时，隐藏在基底的棱镜和眼窝里用手工琢磨的透镜片组合在一起，能产生一系列光学变化，它所发出的炫目光束，有一种催眠般的魔力，会让人出现幻觉、幻听等现象。曾经研究水晶头骨长达6年之久的水晶专家富兰克·多兰德先生说，他在与水晶头骨共处时，能听到一种"非常安静又引人注意，像是从高音大钟发出"的声音，还能从水晶头骨上看到"山峦、庙宇"等图像。更有人说在抚摸过水晶头骨后，发现自己身上的疾病居然奇迹般地消失了，种种现象让人困惑不解。

所有集中在水晶头骨上的谜团都让人匪夷所思，于是一些崇尚神秘主义的人们干脆把它归之为是天外来客的杰作。在天外来客即将离开地球之前，他们把水晶头骨作为礼物送给了玛雅人，之后，玛雅人就把它一直保存在金字塔里直到被安娜发现。对于这种说法，科学家们无从考证，但当科学不能对一些神秘现象作出合理解释时，这种推测反而更容易让人接受，或许它真是外星人的杰作呢。

水晶头骨的制作之谜

水晶头骨的问世，立即引起了很多科学家的关注，水晶是最坚硬的天然矿物之一，考古学家声称以现在的科技水平制造这些水晶头骨恐怕也有困难。可是玛雅人顶礼膜拜的水晶头骨，经科学家鉴定却是从一整块很大的高硬度的水晶石上雕刻、打磨下来的。

检测工作于1970年在美国加利福尼亚萨坦科莱罗的海尔莱德——派克尔德水晶实验室进行。检测表明，水晶头骨是由真石英水晶制成，而天然真石英水晶完全是大自然的产物。它生于地下，个别石英水晶的形成过程需要上亿年的时间。

这种高纯度的水晶石可以说是世界上硬度最高的材料之一了。按照宝石专家所使用的摩恩硬度标准，它只比钻石稍微软一点儿，再加上它脆而易碎，无疑会给雕刻工作带来难以想象的困难。尽管如此，水晶头骨的雕刻工艺却精美异常。据检测小组估算，即使用当今带有钻石头的电动工具，也要刻上至少一年的时间。但是检测小组断定，要雕刻这个娇贵的物品，根本不能使用任何带钻石头的电动工具，因为它经不起该工具所产生的振动、热量和摩擦，它会因此而破碎的。一个小组成员不得不说:"真难以想象还真有这样一个头骨。"

检测小组人员猜测,头骨有可能不是用现代工具制成的。后来的检测进一步证实了这一猜想的真实性。单纯从头骨极其平滑的表面来看,就看不出任何使用现代工具所遗留下来的痕迹,因为如果有就非常难以去掉。这些发现,足以肯定检测小组最初的判断是对的——这个水晶头骨为手工制品。

可以想象,手工制作这样一个水晶头骨要花费多长时间!科学家们只能推算,这个头骨也许是用河里的沙子和水慢慢地一点点地从一大块石英石上磨下来的。也许还用铜线或用手拉的雕刻用的"弓"具。检测小组推断,这个水晶头骨一定耗费了好几代人的毕生精力!至于他们到底花费了多少时间是难以确定的。据海尔莱德——派克尔德员工杂志《测量》的估算,有可能是300年,这真可谓是一个漫长的制作过程。

正像研究者讲的那样,无论是谁做的这个头骨,都要从三倍于成品大小的一大块多棱石英水晶开始。开始时,他们无法知道水晶的纯度,也不知道里面有没有气泡或小洞,因此,他们事先要精心地挑出颗粒大小相当的沙子,先用大沙粒磨出雏形,再逐渐地用小沙粒磨出精细的表面,最后用小得几乎分辨不出的沙粒打光。而且,一旦中间有所疏漏,则要从头开始。甚至哪怕混进去了一颗大一点的沙粒,即使整个工作到了最后阶段也要重新开始。整个工作从头到尾,容不得半点疏忽。

然而,科学家们却怎么也不能测得它的制作年代。因为石英水晶根本不留年代记号,它从不会被侵蚀、腐化、风化或随着时间的变化而发生变化,就是这个特点使它成为电子工业中不可缺少的原材料。但即使是其他与水晶头骨一样没有可见年龄记号的工艺品，科学家们也可以通过测定碳原子组成部分的射线的衰化程度，来鉴定其原材料的年代和工艺。然而，水晶头骨却不行。

真实来历遭质疑

由于米歇尔·黑吉斯水晶头骨聚集了种种神秘现象和不解之谜，使得人们对它的猜测也越来越离奇，但实际上，这个头骨不是唯一一个被发现的水晶头骨。

到目前为止，世界上总共发现了大约十几个水晶头骨，其中有3个保存在博物馆或研究机构内，其余都被私人收藏。

而且，这十几个水晶头骨好像不全是玛雅人的遗物。但是在所有的这些头骨中，米歇尔·黑吉斯头骨无疑是纯度最高、最完美也最神奇的一个。

也许正因为这个头骨太完美了，才遭到了一些人的妒嫉，他们开始怀疑起它的真实来历。尤其是这个水晶头骨的具体出土时间，安娜本人竟有不同的说法。她在1962年接受采访时说，水晶头骨是在30年代末，由她的养父米歇尔在一次挖掘玛雅遗址的时候发现的；1968年，她给一个研究水晶头骨的专家写信时又说头骨是在1926年发现的；1982年，她回答学者尼克尔的询问时，又变成是1924年；在1995年出版的《水

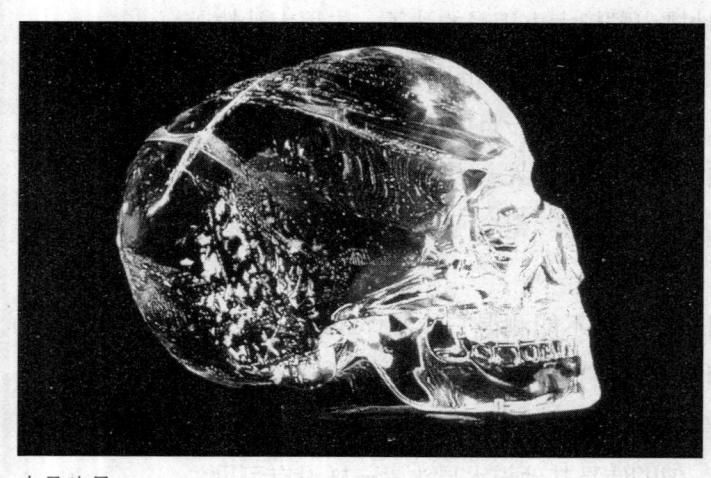

水晶头骨

晶头骨之谜》里面，又说水晶头骨是在安娜17岁生日那一天发现的。

这些，都不得不让人怀疑米歇尔·黑吉斯水晶头骨的来历的真实性。

也许一切都是谎言

在米歇尔·黑吉斯水晶头骨来历的真实性遭到质疑后，科学家还发现，在印第安人中，只有古阿兹特克人有雕刻头骨的习惯，而古代玛雅人并没有这样的习惯，这就使得笼罩在这个头骨上的神秘光环显得越来越虚假了……水晶头骨到底有没有人们传说的那么神秘呢？

科学家们认为，水晶本身就是一种神奇的东西，很容易令人着迷，另外，头骨也很容易让人联想到死神和死亡，用水晶来雕刻头骨，这种催眠的作用一下子就加倍了，所以容易受到暗示的人就会被它催眠，产生幻听、幻觉。

2005年1月，一起震惊考古界的事件发生了：英国大英博物馆的墨西哥古阿兹特克人的水晶头骨被科学家正式鉴定为赝品，考古界为之哗然。

与此同时，人们对米歇尔·黑吉斯头骨也提出全面质疑。

这两个头骨虽然来源不同，但总体形状却非常相似，而且都是以女性头骨为模型，不同的是，大英博物馆的头骨是一整块水晶，而米歇尔·黑吉斯头骨的下颌则是独立的，可以拆下，做工更为精致，但是两个头骨的惊人相似，让人很难相信它们是独立制作的。

英国大英博物馆所珍藏的那个水晶头骨，据称是在墨西哥古阿兹特克人遗址上被发现的。而科学家发现这个水晶头骨是用轮式工具打磨并且切割的，而这种技术在当时的美洲大陆根本就不存在。毫无疑问，现在人们更有理由怀疑米歇尔·黑吉斯水晶头骨的真实性了。

有一部分科学家的观点倾向于它不是玛雅人的遗物，而是19世纪现代人的产物。但是，这种高度纯净透明的水晶，就算它不是一件文物，其价值也无法估量。谁会用它来制作一件假文物呢？如今，安娜已经拒绝对水晶头骨再做作任何科学鉴定，因此，它究竟是不是现代人制作的赝品，科学家们还不能论断。

但人们还是愿意相信，终有一天，现代科技会把水晶头骨上的神秘彻底揭去，让真相浮出水面，大白于天下。

猜想玛雅

一、玛雅文明史上的"断层"之谜

在玛雅文明的发展史上,出现了一个很大的"断层":在玛雅文明的古典时期的后期,散居在丛林中的玛雅人好像同时接到了一个不可违抗的命令,都离开了辛苦建筑的城池,放弃了富丽堂皇的宫殿、庄严巍峨的金字塔、整齐排列着雕像的广场和宽阔的运动场。他们舍弃了自己的家园和肥沃的热土,任由枯草蔓藤缠绕自己的窗棂,任由自己温暖的小窝成为动物们的乐土。

公元830年,科潘城浩大的工程突然停工;公元835年,帕伦克的金字塔神庙也停止了施工;公元

浩大的科潘城

889年，蒂卡尔正在建设中的寺庙群工程中断了；公元909年，玛雅人最后一个城堡，也停下了已修过半的工程。

似乎从那时起，玛雅人的聪明与睿智突然消失了，他们开始变得颓废和无知。

这究竟是为什么呢？到底发生了什么变故呢？难道他们又找到了自己新的家园吗？一些历史学家大胆地做出了一些猜测，试图解开这个历史之谜。

生态危机？

玛雅文明虽然是城市文明，却是建立在玉米农业的根基之上。

自从来到玛雅地区的这片土地上，玛雅农民一直采用一种极原始的耕作法：他们先把树木统统砍光，过一段时间干燥以后，在雨季到来之前放火焚毁，以草木灰作为肥料，覆盖住贫瘠的雨林土壤。烧一次种一茬，其后要休耕1~3年，有的地方甚至要长达6年，待草木长得比较茂盛之后再烧再种。

在玛雅文明的古典时期后期，玛雅人口急剧增长，农业的压力越来越大，人们更多地毁林开荒，同时把休耕时间尽量缩短，然而这样一来，土壤肥力下降，玉米产量越来越少。

玛雅地区生态环境恶化、生活资源枯竭，玛雅人面临着严重的问题，社会状况一落千丈。

更为严重的是，在神权政治的体制下，玛雅王族和祭司将这种种"衰败之象"都归结为神的不满。于是他们为了让他们的神对他们满意，就更多地建神庙，更频繁、更隆重地祈祷，期盼能借神力扭转乾坤。当然，这样做的结果只是浪费更多的人力和已十分贫乏的资源，直至陷入不可救药的恶性循环。

随着农业生产供应的产品严重匮乏，玛雅古典期高度发达的文明也开始崩溃。当城市周围贫瘠的荒地连成一片，饥饿就迫使生活在这里的玛雅人弃城而去了。

内部暴乱？

20世纪80年代末，一支包括考古学家、动物学家和营养学家在内的共45名学者组成的多学科考察队，经过6年的时间，对二百多处玛雅文明遗址进行考察，得出结论是：玛雅文明可能是因为争夺财富及权势的血腥内战，自相残杀而毁灭的。

这些学者认为，在公元300年至700年这个全盛期，毗邻城邦的玛雅贵族们一直在进行着恐怖的争权夺利的战争：战卒们用矛和棒作兵器，袭击其他城市，其目的是抓获俘虏，并把他们交给已方祭司，作为向神献祭的礼品。正是这些永无休止的征战和相互残杀，玛雅地区城邦之间的贸易逐渐中断，他们再也不像以前那样互通有无了。贸易的中断直接导致了经济的衰退，从而他们的城邦也渐渐地衰败了。后来只有大概百分之十的玛雅人存活了下来，对于那种血淋淋的场面，他们宁愿将它们和自己的文明一起遗忘。

同时，通过对阿兹特克人的特奥蒂瓦坎城的考察，考古学家认为大概是那儿发生了推翻僧侣神权统治的暴动，其现存的神像统统被砍去脑袋，祭祀神庙也遭捣毁的事实，也暗示了阿兹特克文明可能是毁于阿兹特克人的内部暴乱。

据此，科学家推测，也许玛雅文化消失的原因也是这样：大量祭祀和长期的压迫使饱受奴役的人民终于鼓起勇气来反抗，于是玛雅统治的世界发生了大暴乱，导致玛雅文化的灭亡。

与太阳活动的周期有关？

美国佛罗里达州大学的一位地质学家在研究玛雅地区的地质时发现，玛雅地区虽然地处热带雨林地区，但是会经常发生旱灾，并且还有明显的周期性。大旱灾大约每隔208年就发生一次，这位地质学家断定，这个地区发生大旱的原因和太阳活动周期有直接关系。据此，这位学者提出一个新的见解：玛雅文明的消失可能与太阳的周期性活动增强有关。

这位专家表示，虽然太阳活动的周期变动幅度大约仅有1%，但却足以造成从前的玛雅文明地带严重干旱的发生。就太阳能量输出的变化来说，就足够对玛雅地区的气候造成直接影响，并且能够使与玛雅文明相关的干旱事件一再重现。

并且有些科学家在研究委内瑞拉北部海岸附近海底沉积物的形成时，测量了被河水冲入大海的钛金属的含量，他们发现里边钛的含量比较低。钛金属含量低表明河水的水流比较弱，说明那个时候当地雨水稀少，的确有大旱发生。这就为美国佛罗里达州大学的地质学家的观点提供了第一个证据。

无独有偶，很快有第二个证据证实了这位地质学家的观点。在来自玛雅地区的奇强卡纳普湖采集而来的沉积物中，研究者发现高浓度硫酸钙沉积层周而复始出现，硫酸钙是大量的水分从地表蒸发后而留下的。研究者通过测算，硫酸钙的形成周期是200多年，这和太阳的活动周期颇为吻合。

而且，当这位地质学家将玛雅文明的发展与太阳活动的周期一起研究比较时，他发现，每次遇到干旱发生，玛雅社会文明的发展便有趋缓的现象。

因此这位地质学家推测，在公元9世纪至10世纪，在玛雅文明消失之前，由于太阳的活动周期，玛雅地区出现了比以前任何时候都严重的干旱，玛雅人虽然有很不错的水利设施，但仍无法解除那时的水危机，所以他们不得不远走他乡。

地震？

在"与太阳活动的周期有关"的观点还没得到完全证实的时候，以美国斯坦福大学的一位地球物理学教授为代表的科学家们又提出了一个新的观点：地震是摧毁无数古老文明的杀手，玛雅文明可能就是毁于地震。

以这位地球物理学家为代表的支持"地震说"的科学家们，为了能够证实自己的言论，他们举出了印度哈拉潘文明的例子作为例证。

哈拉潘文明曾在印度河流域繁盛了约两千年，于公元前1900年左右消亡，以前很多学者都将之归咎于贸易方式的改变和北方雅利安人的南下入侵。但有科学家指出，历史资料显示，哈拉潘文明消失的时间正处于印度河流域周期性地遭到地震袭击的时期。他们认为，正是地震使得大量泥土堵住了河流，从而给当地的灌溉农业带来毁灭性的打击。最终，地震引发的洪水淹没了所有的城市。

受哈拉潘文明消失原因的启示，支持"地震说"的科学家认为，"地震说"可能同样适用于玛雅文明的神秘消失。

他们指出，公元9世纪晚期发生的地震将玛雅文明中的部分城邦夷为平地，从而动摇了玛雅帝国统治者的执政基础，使他们在一片混乱中无法控制局面。也就是说，当玛雅社会内部本身出现问题的时候，地震成了一个导火索，引发社会的动荡，并最终将玛雅文明推向灭亡。

外来入侵？

除了上述的观点以外，还有人支持"外来入侵说"。

由于不再往石头上刻写铭文的城市首先是西部的边境城市，所以很多支持这种观点的人认为，入侵者很有可能是沿墨西哥东南部和危地马拉西北部的乌苏辛塔河进入玛雅南部低地地区的。入侵导致了玛雅西部地区城市政体的更替，并最终切断了西部城市与中心地带的联系，以至于蒂卡尔等中心城市也随之衰落。

此外其他证据似乎也有力地证实了这一点，科学家们在中部地区发现了不少海湾地区的优质陶器，这很有可能是入侵者带来的。最有力的证明是考古学家们发现了非玛雅人模样的统治者，这些统治者接受了玛雅的传统，把自己的肖像刻在了石柱上，并附有玛雅象形文字。

关于入侵者到底是谁，这些支持"外来入侵说"的学者之间又发生了争议。有的认为是来自墨西哥中部图拉城的托尔特克人，可是图拉城是在玛雅衰落后的10世纪形成的，所以这一观点很快就被"枪毙"掉了。

也有些学者认为入侵者是讲乔恩塔语的普吞玛雅人，他们生活在今墨西哥的塔瓦斯科，然而现在仍无考古证据证明9世纪存在过乔恩塔城，很遗憾这种观点也不能让人们信服。

虽然对于"外来入侵"这一说，很多学者都举手投赞成票，可是也招来不少非议。因为，如果入侵成立的话，很难解释对西部地区小城市的入侵是怎么导致像科潘和蒂卡尔这样强大的城市走向崩溃的。此外，修建于公元849年的石柱上描述的所谓的普吞入侵，是在许多强大王朝停止刻写自己的铭文之后发生的事情,而这一时期中心地带的发展已经在走下坡路了。

"入侵说"的证据也遭到了质疑。在仔细分析优质黏土陶器和陶土分布情况后可以得知,这种新式的陶器是中心地带生产的。新式陶器的生产和入侵的关系并不大,但可能跟商业关系更为密切。

时至今日,猜测依旧。众说纷纭,莫衷一是。

玛雅文明到底是如何消失的?难道真的会是不解之谜吗?无人知晓。

二、玛雅人是中国人的表亲吗?

有不少学者认为,创造了世界古文明之一的美洲玛雅人和中国人在五千年前曾经是一家人。既然是学者,他们这种推断就绝对不是凭空臆想出来的,而是有自己的依据的。学者们从以下几个方面来论证自己的推断。

语言上的共同之处

这些学者认为玛雅人跟中国人有表亲关系是因为他们在语言上找到了有利的证据。

从玛雅语言和汉语的特殊对应关系可以明显看出。

这些学者先将现代汉语与玛雅人的语言进行了对比(前为现代汉语发音及词义,后为玛雅语发音及词义)

han(男子)汉 —— han女婿、丈人;

tan谈 —— tan说话;tan炭 —— taan灰;

cha叉 —— cha叉；suan酸 —— suun酸；
bao包 —— pauo包；chi吃 —— chii吃肉；
chi齿 —— chii口；chai柴 —— che柴；
chuan船 —— chem船；zhong种 —— chum种；
tuan团（圆）—— tom圆；keng坑 —— kom坑洼；
wa蛙 —— uo蛙；gan干（戈）—— kan（捍卫）；
an俺 —— en我；yi伊（他，她）—— y他的；
deng登、凳 —— tem登、凳；tan坛 —— tem神坛；
pang胖 —— pem胖。

如果将古汉语词和玛雅语词进行比较，这两种语言的对应关系更为突出，亲缘关系就更加清楚（前为现代汉语发音及词义，后为玛雅语发音及词义）

ka苦 —— ka苦的；miua无 —— ma没、不、无；
chiak赤 —— chak红色的；
shiuok数 —— xok（x在此读sh）数；
dok读 —— xok读；biuat伐（砍）—— bat斧；
liang亮 —— lem亮；diang长 —— tam深、长；
iang央 —— yam在中央；giuan倦 —— kan疲倦；
giang强 —— kan强有力的；huang黄 —— kan黄色的；
sheng生 —— sian生的时间；dzian前 —— tan在前。

这里的古汉语是上古汉语，为语言学大师王力所构拟，主要是《诗经》里的词；玛雅语是中古语，也有的是上古语、原始玛雅语的词。

通过这些对比，学者们认为：由于玛雅人和中国人之间隔着浩瀚的太平洋，所以这些相同或相似的词不可能是互相借用的，而只能是共同语言的遗迹。又由于这样的词数量很大，对应规律性很强，所以不可能是偶然的相似，而只能是必然性的显现。

　　玛雅语和汉语共有的基本词汇，提供了计算玛雅语和汉语分开的时间。语言学家使用一张100个基本词的表，算出两种语言共有的词在这100个词中所占的比例，就可以确定两种语言分开的时间。玛雅语和汉语的共同词在100基本词中占26个，减去4个可能偶然相似的，还有22个两种语言共有的词。依据统计概率，两种语言的共同词如果有22个，分开的时间是5 000年，这也就是玛雅人和中国人分开的时间。

　　这个时间与语言学、考古学、人类学和历史学的已有研究结果非常一致：

　　一、原始玛雅语在4600年前开始分化为现在的各玛雅方言；

　　二、在玛雅地区考古发现的最早陶器制造于4500年前，已相当成熟；

　　三、玛雅古文献把历史、历法开始的时间定在公元前3113年，距今大约5000年；

　　四、学术界认为，玛雅人是最晚从亚洲到美洲的，而古代亚洲人到美洲的最晚时间是5000年前；

　　五、玛雅人传说远祖从西方来，或是从北方乘船来。从中国到美洲大方向是自西而东，如果乘船顺太平洋洋流从中国的福建、台湾、琉球，沿日本、千岛群岛、阿留申群岛，再沿美洲海岸向南，到达中美洲，就是从北方乘船来。

　　除了在词语上的相似以外，学者们还发现在语音和语法方面，两种语言也具有共同的特征。

　　首先，两种语言都是声调语言。汉语有平、上、去、入四个调，而玛雅语也有低调、高调、降调和促声，和汉语完全一致。另外，用声调区别语言的意义是汉藏语系的一大特点,远在美洲的玛雅语也具有汉藏语系的特点,这有力地说明了两种语言的密切关系。

其次,两种语言的方言中都存在有n、ng鼻辅音在词末尾的变化。如汉语北京普的许多带鼻音的词在浙江温州话里都不带鼻音。在玛雅语里尤卡坦语算是标准话,因为玛雅古文字书所反映的就是尤卡坦语,而尤卡坦语的一些带鼻音的词在危地马拉的玛雅语则只是一个送气音,没有鼻音。汉语词末尾鼻辅音的变化是汉语语音发展的一种规律。这种规律在玛雅语里的存在同样表明了两种语言的密切关系。

再次,玛雅语和汉语的发展都共同体现了元音变化,也就是a变o,o变u,e变i。一位语言学家曾指出:"汉语史的任务就是要研究汉语发展的特殊的内部规律。例如元音变化就是汉语发展的内部规律之一。"这位语言学家指出的汉语发展的内部规律在玛雅语里也同样存在,对此合乎科学的解释只能是两种语言遵循共同的发展规律发展的结果。

最后,玛雅语和汉语共同具有大量的重叠现象,特别是在一些方言里。汉语说"天天",玛雅语说kinkin(日日),意思一样;汉语说"红红的",玛雅语说chachak(赤赤),意思也一样。另外,玛雅语和汉语还共同具有一种特殊的重叠结构。汉语说"黄澄澄",玛雅语说kanteltel,意思一样;汉语说"白苍苍"或"白生生",玛雅语说saktintin,意思也一样。除这些例子以外,对应的重叠用法还有很多。不但结构相同,意思相同,连听觉感受都相同。

另外,玛雅语与汉语都使用大量的单位名词,也就是量词。汉语的量词在玛雅语里一般都可以找到对应的词。例如:

表示动物的量词在汉语里常用"口""头""匹",玛雅语常用的则有kot、tul、pok；

表示植物的量词在汉语里常用"枝""棵""株"，玛雅语常用的则有tsit、hek、xek（x发sh音）；

表示绳子的量词汉语常用"捆"，玛雅语用kan；

汉语用"束"表示成束的东西，玛雅语也有一个表示同样事物的量词chuy，音义都像。

单位名词（量词）也是汉藏语系的重要特征之一，是汉藏语言所特有的。而玛雅语也有，令人感到十分亲切。

玛雅语和汉语的语音和语法还有另外一些共同特征，如都以单元音词根为主，缺少形态变化等。这些共同特征都表明两种语言有亲属关系。既然两种语言有这么亲密的关系，那么表明中国人和玛雅人可能拥有较近的亲缘关系。

思维方式的大同小异

玛雅人与中国人的亲缘关系，除语言方面的相似之外，在思维方式上也有大量相似之处。

玛雅人和中国人的基本思维方式的共同特点是天人合一，自然与社会的一致。

从社会发展的大方面来说，玛雅人认为兴盛、和平与富强同衰落、战争与贫困成周期性的交替。而这又和玛雅人的天文历法的计算有一定的关系，他们认为大约每13个历法上的20年就会有一次祸福循环。例如奇琴伊察城的放弃和玛雅科潘城邦的称霸，以及后来玛雅科潘城的衰败和西班牙人的征服都表现了这种历法兴衰的周期性循环。这种历史观与中国古代"天下大事，分久必合，合久必分"的历史观是很一致的。

玛雅人的基本人生观可以用"一切都不要过分"来概括，这与中国古代占主导的人生哲学"中庸之道"又非常一致。在这种思想指导之下,玛雅人很尊重自然环境。狩猎很节制,一是不愿滥杀无辜的动物,二是要给其他猎人留下觅食的机会。种田,焚烧林木,事前要祭祀,祈求神灵原谅和保佑,同时要按人口所需来耕地,既保证食用,又不过多生产,破坏自然。所以玛雅人所追求的生活方式是人与人的和谐,人与自然的和谐。

玛雅人的天人合一思想表现于生活的各个方面,而且很多都和中国人一样。

玛雅人把诗人叫"阿风",诗等于风,中国最早的诗歌总集《诗经》里各地方的民歌也叫风;在玛雅人的言语里,花可以表示自然的花,也可以指人好色贪淫,与中国人相同;玛雅人所认为的颜色的社会象征也和中国人一致——红色象征权力,黄色象征吉祥,白色象征不实,所以白父等于汉语的伯父,白母等于汉语的伯母,这可以说是很有趣的特殊一致;中国民间常把太阳叫老爷儿,玛雅人也普遍这样叫;中国古代楚国人把乳叫谷(粮食),而玛雅人则把玉米叫乳汁,把玉米棒叫乳房,又是特殊的一致;更为特殊的一致是,中国古代把年叫载,起源于夏朝之前,这种时间观念同玛雅人一样——玛雅人认为每个年都由一种神来负载,一个接一个的班,所以年和载密切相关,一

玛雅建筑

个年也就是一个神的负载物。

在玛雅语言里还有很多与中国人思维和语言相同的实例：玛雅人称呼小孩、小动物、鱼用同一个词al；表示人和动物的舌头和火焰（火舌）用同一个词ak；人的手臂（肢）和树枝也用同一个词kab表示，火kak则可以表示愤怒（怒火）；更有趣的是玛雅词tan可以表示堂屋（客厅），可以表示胸膛，还可以表示堂堂男子汉（成熟的小伙子，25岁左右的年轻人）；玛雅语tom是圆的，而tom tom则是乱，相当于汉语"团团转"中的团团。这些都是思维方式的特殊对应。

玛雅人和中国人思维的共同特点在玛雅文字和中国文字的创作上也有所表现。玛雅文字中有象形字，如"田"；有指事字，如"中"；有假借字，如"中"假借为"种子"；"叉"假借为"初"，而且"田"、"中"、"叉"字形也很像中国字。此外，玛雅文字中还有很多形声结合的形声字。玛雅人和中国人在思维方面成体系的一致，证明了玛雅人和中国人必然存在着亲缘关系。

除了上面提到的以外，下面几个例子也为玛雅人和中国人思维方式的相近提供了佐证。

第一，太阳扶桑崇拜。太阳崇拜是各地古老民族都有过的现象，但《山海经》说的扶桑、三足鸟与太阳崇拜相结合却仅见于中国文明和源于中国文明的一些文明。玛雅有人形扶桑树，并有扶桑崇拜。

第二，龙蛇崇拜。《山海经》中反映的中国人对龙蛇的崇拜在玛雅人中也存在。玛雅人称为"羽蛇神"，这与欧洲、近东的观念差异很大。

第三，太极八卦文化。所有印第安历图，中间必有太极形。玛雅、密斯特克、阿兹特克历图均为八卦格局。先天八卦早已传到美洲。到欧洲殖民者入侵为止,一直在应用。反观中国自公元前4500年以来的八卦历图(河图洛书),才知其深刻内涵。

第四,时间、空间、颜色、五行一体的观念。这从玛雅人、阿兹特克人的类似体系可以看出。八节、八方相配,五色、五行、五主相配,是有悠久历史的,是中国文明的重要内容。

第五,中国和美洲都有巨鳖之类托载大地的说法。欧洲人舍本逐末的"龟岛——大西洲"之说虽然可能与大陆沉入大洋的事实巧合,但他们不知道龟岛本是中国人的古老观念,在黄帝后裔易洛魁人中有详细的传说。

第六,丘墟坛台文化。中国虽没有玛雅人的金字塔那样的上古建筑遗存,但在文献中、古文字中则有充分证明中国远古时代有类似建筑的的记录。《山海经》记载的"共工之台""轩辕之台""帝尧台""帝喾台""帝丹朱台""帝舜台",《楚辞·天问》说的"简狄在台,喾何宜",其中的台都是四方的建筑。"共工之台"隅有一蛇,与玛雅金字塔上绘蛇形象一致。简狄居九层瑶台,是阶梯式金字塔之类的建筑。这种建筑或繁或简,在中国远古时代极为普遍。

第七,少昊、羲和、常羲——不该忘却的环球旅行家。中美洲印第安人包括玛雅人对于少昊、羲和、常羲的记忆与《山海经》相同,可证《山海经》记载是基于史实的。《吕氏春秋·勿躬》说"羲和作占日,尚仪作占月",尚仪即常羲。这二人,一为日母,一为月母。美洲许多印第安民族的文化都来自一个相似的最高神,即玛雅人的羽蛇神,也就是少昊。他是大多数印第安民族公认的始祖。这与中国人自称炎黄子孙,也知道炎帝之前还有始祖一样。印第安人也有伏羲女娲图,玛雅文化有太昊文化(在中国失传)。羲和蝶蛾图腾,有玛雅文物和出土的奥尔梅克文物为证。

第八,尚玉器。中国与美洲对玉器的喜爱已经超过了日常生活的范围,而且与社会的发展阶段密切联系在一起了。商代人对玉的崇尚和利用,达到了自兴隆洼文化(约8000年前)以来中国玉器文化的顶峰。看玛雅文物,玉器非常精美、丰富,除了中国,还有什么地方有这么辉煌的玉器文化呢?

第九,玛雅国家形态与商周政治格局。美洲的古代社会与中国同为马克思说的亚细亚所有制方式。玛雅有繁琐的仪式;通过宗教仪式把握和决定政治行为;文字只用于宗教、政治和历法;亲属制度、氏族制度也与国家结合,与城市紧密结合,这与商周国家是同一类型。在政治上相互对抗的城邦,其实属于同一个社会,并分享了一种文明,而又各自形成特色。这是个纷争不断的社会,它的历史充满兼并……这简直就是中国东周社会的写照。当然,东周时诸侯国已不仅是城邦,早已出现幅员广大的王国。中国"战国时代"在公元前3世纪结束,而玛雅的这一状态一直持续到玛雅文明衰落为止。在政治上,玛雅社会发展显然比中国滞后。

第十,人祭。玛雅人用活人的心祭太阳神,中国也有类似记载,如《礼记·明堂位》说:"有虞氏祭首,夏后氏祭心……。"甲骨文记载的人祭成千上万!周代有了俑代替人殉,才结束了活人殉葬的历史。但《后汉书》记载巴人的廪君为虎图腾,让虎喝人血。直到20世纪60年代,佤族"猎人头"的习俗才渐渐被取消。

玛雅人和中国人在思维方式上的这些相似之处,难道只是简单的巧合吗?要是巧合恐怕这种巧合的几率太大了吧?可是要不是巧合，这是不是在暗示人们，玛雅人真的就是中国人的表亲呢？

风俗方面的异曲同工

玛雅人与中国人的亲缘关系不但表现在语言和思维方式方面，还表现在风俗方面。而且有趣的是，考古学家发现，研究这方面的问题有时还能促进对古代中国文化的研究。

比如，上古中国占卜，如果说一个人数奇，就以为是不吉利。汉武帝与匈奴作战，不重用著名将军李广，就是因为给李广占卜的结果是数奇，不吉。但占卜的方法在中国已经失传。

而玛雅人占卜也有同样的说法，偶数吉，奇数凶，而具体的做法则保留了下来。玛雅人使用的是一堆玉米粒，先随便取出一些放一边，然后四个四个地数余下的。如果这四个一组的总数是奇数，剩下的也是奇数，即三粒或一粒玉米，那就是凶；如果二者都是偶数，那就是吉；若二者一个是奇数，另一个是偶数，就是凶吉不定。

玛雅人和中国人不光在占卜的偶数是吉，奇数是凶的说法上一样，连对占卜师的称呼都一样。中国古代把这种人叫"日者"，玛雅人管这种人叫ahkin。Ah相当于汉语的"阿"，

玛雅人的占卜器具

40

汉语的"阿"不只在南方方言里普遍存在，古代人名也常加"阿"。商朝有名的大臣伊尹就叫阿衡。另曹操的小名叫阿瞒。Kin在玛雅语里是太阳，是日。所以ahkin就是阿日，换成文绉绉的说法，也就是日者。如果玛雅人和中国人没有亲缘关系，这种非常特殊的共性是不大可能有的。

在占卜方面，玛雅人和中国人还有另外的共同之处。中国古时候有一种用来占卜丢失的东西或人的方法，叫作圆光。让天真的孩子在镜子前看，据说能看到所丢失的东西或人在什么地方。玛雅人同样也有这种习惯，如果丢了东西就让小孩在一块透明的晶石片前看，说出看到的情况。

除占卜以外，玛雅人和中国人在娱乐活动形式方面也有共同的特点。玛雅人和中国民间一样，经常进行玩绳子的游戏。中国有一种玩法叫鸡爪扣，玛雅人同样也玩鸡爪扣，而且玛雅名字就叫鸡爪扣。都是把绳子两头结扎在一起，然后翻来翻去，套来套去，最后在中间绕出三个互相联结的扣，像鸡爪子。

玛雅人和中国人一样，也玩掷骰子。他们叫玩玉米，因为是用四粒玉米当骰子，都有一面染成黑色。如果掷出两面或四面是黑，就是赢。中国古代掷骰子，数目不定。可用六粒，都有一面染成红色，掷出四面红为赢，杨贵妃和唐明皇就这样玩过，玩法很像玛雅人的玩法。

在两性关系上，玛雅人也很讲究男女有别。吃饭时，男女不一起吃，总是男人先吃，男人吃完，女人才吃。走路时，如果一男一女在路上相遇，女人要在路的旁边回避，低头等男人走过去，女人再走。更有意思的是，一对夫妻走路，也不能并排走，而是男人在前，女人在后，要保持一段距离。古代玛雅社会男尊女卑还表现在一些禁忌上：妇女生孩子，来月经，都不能让男人看到，看到就要倒霉。而且妇女必须保持贞操，通奸要被处死。可见古代玛雅社会礼俗完全像古代中国。

玛雅人和中国人风俗的共同特点是多方面的，比如解梦：一个人梦见掉牙，就意味着要死亲人。还有征兆：猫如果洗脸，就意味着要有客人来。当然这都是古代玛雅人和中国人的共同风俗表现，虽然属于迷信，但其特殊的对应特点则是值得注意的。连迷信都是这么相似，让人不得不怀疑中国人和玛雅人有表亲关系。

吃、穿、住、行上的不约而同

在衣食住行方面，玛雅人和中国人也有很多相同之处。

在吃的方面，玛雅人和中国人都用碗吃东西，不像欧美人用盘子。另外，玛雅人不是在桌子上吃东西，而是在席子上。中国古代也是这样。玛雅人在席子上吃饭，这同他们的居住生活是有关系的。他们睡不在床上，坐不在椅上，而是在席子上，和古代中国人相同。说到坐，古代玛雅人分踞坐和跪坐两种方式。踞坐是两腿在前，屈膝两足着地，这和中国古代的踞坐一样。中国古代身份高的人踞坐，身份低的人跪坐。玛雅人也是这样，因为男尊女卑，所以妇女需要跪坐。

玛雅人的住房同过去中国人的住房建筑方法是一样的，都是柱梁结构，先立四根柱子，柱子上架梁，梁上再架屋顶。普通人的住房为泥坯或茅草房，贵族的住房为石头建筑。另外，古玛雅人的国家是城邦，城中央住的是最高首领，向外依次住的是贵族、商人、手工业者、农民、奴隶。地位最低的人住的离城中心也最远，很像中国过去的帝王都城。说到贵族，玛雅人的贵族叫"子男"，和中国古代的叫法一样。

　　在衣和行方面，古代玛雅人和中国人也有共同特点。中国人在上古穿的衣服是一块方布，叫包方，也就是袍。袍就是包，从后往前包住上身，在前胸或一侧结个扣。玛雅人的上衣也是这样的一块布，叫pati，名称也近似于汉语的袍。玛雅男人的下衣也是围腰布，分成一些条幅。上古中国男人的下衣也是围腰布，叫裳。最早的"常"字就是"裳"字，是一个象形字。玛雅人管围腰布叫ex，x发近似sh的音，同中国"裳"字有共同的音素。

　　玛雅人重视道路修筑。他们的道路很像《诗经》里所说的周朝时代的道路，像一块放在地上的磨刀石，平坦而又笔直，修得高出地面很多。另外，中国古代的道路每隔一定距离就有住所供行路人使用，叫庐。玛雅人的道路同样也是每隔一定距离就有住所，叫lub，在发音上同中国的"庐"很相似。

　　上古玛雅人和中国人在葬俗方面也有共同特点，特别是儿童的埋葬。一是用瓮棺，二是瓮棺上部或盖上凿有小孔。玛雅人陪葬小孩的还有母亲的一段手指。这自然令人想起中国人经常描述母爱的一句话：十个手指头咬哪一个都疼。很可能这意味着中国人在远古时也有同玛雅人一样母亲咬断手指陪葬夭折孩子的风俗。

　　玛雅人和中国人在语言、思维方式以及风俗习惯等方面的全方位一致，形象地展现了两地人民的亲属关系。难道玛雅人真的是中国人的表亲吗？有没有可能是受中国文化的影响呢？

　　有人怀疑中国人是踏上美洲的第一人，中国的法显在踏上美洲的那一刻就很有可能碰到玛雅人，他会不会就是在那个时候就影响到了玛雅文化呢？可是法显只在那个所谓"耶提婆国"的地方待了5个月，即使这个地方真的是美洲大陆，而法显真的遇到了美洲人，他的文化感染能力也没有这么深远。

可是如果说两地人有血缘关系，在科学上又没有十足的证据，这始终是个谜，困扰在人们的心头。

追踪玛雅

一、发现玛雅

哥伦布的偶遇

玛雅文明是美洲文明的重要组成部分，它犹如一颗明珠在美洲大陆上大放异彩。然而，玛雅人为外界所知，却是16世纪的事情了，而且是在美洲大陆被发现之后。

那么，是谁最早发现了美洲大陆呢？答案不一。

今天，人们普遍认为哥伦布是发现美洲大陆的第一人。有趣的是，哥伦布自己并不这么认为，他到死都认为自己到达的是《马

发现玛雅

可·波罗行纪》里描述的亚洲，而不是美洲大陆。

哥伦布从小最爱读《马可·波罗行纪》，他从这本书中得知，中国、印度等这些东方国家十分富有，简直是"黄金遍地，香料盈野"，于是他便梦想着能够远游，去那诱人的东方世界。

长大后，哥伦布为了实现他的梦想便开始了海上航行的生涯。其实，在他的第一次航行中哥伦布就发现了美洲新大陆，可他却误以为自己到了《马可·波罗行纪》里描述的亚洲。不过，在这里他并没有看到传说中的"黄金遍地，香料盈野"。

虽然第一次航行哥伦布看到的"亚洲"很让他失望，但是哥伦布并没有放弃他的海上航行。玛雅人能够为世人所知，正是由于哥伦布的这种执着精神。

公元1502年的一天，哥伦布开始了他数次航行后的又一次航行。这一天大西洋的洋面分外平静，哥伦布率领的西班牙远征队正沿着洪都拉斯湾探险航行，突然他们发现在前方的不远处有一艘硕大的独木舟在向他们行驶。这只独木舟是由一棵硕大的树干凿刻而成，上边载满了货物——铜盘、陶器、可可豆等。

哥伦布和他的水手们在海上寂寞地航行了很多天，这只独木舟的出现足以令他们欢呼雀跃。他们和独木舟上的水手用对方都听不懂的语言热烈地"交谈"，独木舟上的水手指着远方水雾迷茫的绿色海岸线，说出了一个陌生的名字——玛雅。

随后，哥伦布的船队跟随着独木舟在附近的海湾靠了岸，踏上了陌生的陆地。哥伦布和他的水手们兴奋地穿梭在当地的市场上，一种制作精美的陶盆吸引了哥伦布的目光。当地的卖主告诉他这种陶盆来自"玛雅",并用手指着独木舟上那些人曾经指过的方向。哥伦布此刻才明白,独木舟里那些与他们的船队一起靠岸的人,就是玛雅人。

对于此次经历,哥伦布在航行日记里并没有过多的描述,只是简单地一笔带过了。但它给欧洲人带来一个重要的信息:在哥伦布发现的大陆上有一个被称为"玛雅"的地方。

哥伦布的这次航行让玛雅人与欧洲人有了历史上可考的第一次会晤,虽然交流的时间很短,但是,玛雅人从此走进了世人的视野。

 链接

谁是发现美洲大陆的第一人?

世人普遍认为哥伦布是发现美洲大陆的第一人。尽管哥伦布到死都认为他第一次航行到过的地方就是亚洲,可是人们还是把发现新大陆的功绩给了他。

后来,随着考古、考证工作的不断深入,有人认为最先到达美洲大陆的人是来自中国的法显和尚。

法显,俗姓龚,平阳郡武阳(今山西临汾)人。公元399年(东晋隆安三年),65岁高龄的法显慨叹佛教传入中土后佛法戒律残缺,就与慧景、道整、慧应、慧嵬4人从长安出发,沿丝绸之路北线亲往天竺(今印度)取经求律,瞻仰佛迹。

法显一行于公元402年进入北印度境内。公元409年冬,法显离开南亚次大陆,渡海到达狮子国(今斯里兰卡)。他在这里居住了两年,于公元412年阴历八月底,法显搭乘由大秦(东罗马帝国)回国的商船东归故国。

商船在海上航行两天后遇上了大风,水手在海上迷失了航向。他们在海上漂流了105天,到了"南海"的"耶提婆国",并且在此地居住了5个月。

法显的身后留下了一个谜团:这个漂流百日才到达的"耶提婆国"究竟是什么地方?台湾历史学者达鉴三和卫聚贤先后都认为法显到达的"耶提婆国"实际上就是今天世人公认的美洲大陆。其理由有如下几点。

第一,从航行105天及大风风向测算,认为法显登陆的海岸为墨西哥的西海岸。从法显所乘船航海纪录分析,这个船队自斯里兰卡起航,在第16天起就在太平洋深海海域航行。法显记载的"当夜暗时,但见大浪相搏,晃然火色",这些现象据远洋海员告知,这是深海产生的海洋物理发光的现象;他还记载他见到了大鲨鱼、大海豚等,这种海貌非深海莫属!法显又写道:"若阴雨时,为逐风去。至天晴已,乃至东西,还复望正而行。"这是太平洋季风时节东行的感受。按古船昼夜行一百海里计算,法显航行105天总计9000至11000海里,所到耶提婆应是美洲西海岸。

第二,最值得推敲的是《佛国记》中描述耶提婆情况,同墨西哥古印地安人中的玛雅人当时的人文社会情况很是吻合。

第二,法显船队只有在墨西哥西海岸出海西航,经115天航程,方能直抵中国山东半岛,在青岛崂山上岸。这是符合正常天气情况下航行万余海里的推算的。

西班牙入侵

自从哥伦布开辟通往美洲的新航路后,西班牙人就开始了对美洲的征服和掠夺。1492年底,哥伦布在海地北部建立了第一个殖民据点。1496年,哥伦布之弟在海地南岸修建圣多明各城,作为统治西印度群岛的首府。

1512年,一艘海船从巴拿马前往美洲的圣多明各途中遭遇海难沉没了，12个幸存者在海上挣扎了很长时间，终于登上了尤卡坦半岛。

两周之后，登上尤卡坦半岛的幸存者与当地的玛雅人不期而遇，其中有5人不幸成了玛雅人祭坛上的牺牲品。侥幸逃脱的幸存者回到了西班牙人在美洲的占领区，心有余悸地讲述着他们的历险。当他们讲到玛雅人祭坛上的各种奇珍异宝时，作为听众的西班牙人眼中放出了贪婪和兴奋的光芒。

1517年，为了掠夺玛雅人的祭品和奴隶，西班牙将领科尔巴斯率领他手下的士兵登上了尤卡坦半岛，他们大肆掠夺玛雅神庙里的财物。他们的这种亵渎神庙的行为激怒了神的子孙——玛雅人。于是科尔巴斯的士兵遭到了玛雅人的袭击，可是武器装备先进的侵略者利用枪炮在瞬间就击退了玛雅人。他们带着掠夺来的财物回到了欧洲。

当真正的黄金制品呈现在欧洲人眼前时，贪婪的欧洲人眼睛真的被黄金的光芒刺痛了，他们根本就经不起黄金的诱惑，每个看到这些掠夺来的黄金制品的西班牙人，都想将金光灿灿的黄金制品装进自己的口袋里。

1519年，西班牙强盗似的探险家科尔特斯率领西班牙军队横扫墨西哥，他们很快征服了正处于文明鼎盛时期的阿兹特克帝国，"铲除了一个文化，如同路人随手折下路边的一朵向日葵"。

此时的玛雅文明已近尾声，但在尤卡坦半岛上，还残存着一些玛雅小邦。1526年，一支西班牙探险队试图用暴力在尤卡坦半岛上建立西班牙殖民地，并强制推行基督教信仰。不肯屈服的玛雅人展开了长达百余年的游击战，直到1697年，最后一个玛雅城邦在西班牙人的炮火中灰飞烟灭。

16世纪的欧洲人登上美洲大陆后，双眼被无知、偏见和贪婪蒙蔽，除了闪闪发光的金子，他们什么也看不到！在狭隘的宗教感情的驱使下，入侵者四处搜罗历史文物，然后堆成一堆儿烧掉，用这种野蛮无比的方式，系统地消灭"异教"文化。

1562年7月，在曼尼城中心广场上，西班牙神父迭戈·德·兰达亲手烧毁了成千上万的玛雅古籍抄本、故事画册和书写在鹿皮上的象形文字书卷，砸碎了无数神像和祭坛……

他得意洋洋地记录道："我们搜查到大批书籍，记载的全是迷信的玩艺儿和撒旦的谎言，我们干脆放一把火把它们烧掉。"当地土著眼睁睁在旁边观看，心痛极了，难过极了。心痛的岂止是土著！后来想探知古代文化和历史真相的人，无一不为这场文化浩劫感到揪心之痛！从此，灿烂神奇的玛雅文明便沉落在幽暗的历史黑洞之中，后人失去了一个伟大文明。

只有三部玛雅手抄本，流落国外，侥幸逃脱被焚毁的厄运。这也许是古老的玛雅不甘沉寂，留给世人的得以窥其文明圣殿的"匙孔"吧。

在殖民征服的烽烟渐渐平息之后，古代玛雅和其他的印第安文明一道被世人完全遗忘了。此后将近200年间，自居为美洲新主人的欧洲人一面大肆宣扬"印第安人无文明"的谎言，一面又把自己毁灭文明的殖民罪行美其名曰为"履行文明传播的使命"。直到18世纪末，由于启蒙运动的开展和历史眼光的提高，西方人才又对200年来他们视而不见的美洲文明产生兴趣。玛雅沉睡的密林深处回荡起陌生人的脚步，旅行者到这里寻找传说中的神奇和美丽，来这里追怀一个杳然的世界，而考古学家则想要在这里寻找一个失落的文明。

叩开"魔法之城"

相传,在中美洲的林莽深处有一座被巫师施了魔法的城市,在这个城市里包括国王在内的所有国民都在酣睡着。巫师在施魔法之前告诉国王的小女儿——一位美丽的公主,只有她命运中的王子在她额头轻轻一吻,用爱让她苏醒,才能让整个国家从昏睡中醒过来……

美丽的公主和她的国家在巫师催眠之下在这座城市里长久地昏睡着,等待着她命运中的王子来到这个城市驱散笼罩在这个城市上空的阴云,来拯救她和她的国人。

1839年,美国人史蒂芬斯和卡瑟伍德,也许是相信了这个古老的传说,深入浓荫蔽日的雨林之中。他们披荆斩棘,克服了各种各样的困难,去寻找沉睡中的城市和公主。结果,他们没有找到被巫师催眠的美丽公主,却发现了一处已荒废千年的古代城市遗址——玛雅古城科潘。

当玛雅古城科潘出现在史蒂芬斯和卡瑟伍德眼前时,史蒂芬斯激动地描绘道:"在我们面前,像一艘散了架的帆船,搁浅在茫茫林海中。她的桅杆已经遗失,她的名字早已被世人遗忘,她的舵手已弃船而去。无人能告知她从何处来,她的主人是谁,她已经颠簸了多久,是什么给她带来了毁灭。"当他向当地的印第安人询问是谁建造这座城市时,他们也一无所知,只是回答:"只有上帝才知道。"

在这座叫作科潘的旧城废墟上,一座高大的石质纪念碑被藤条缠绕,湮没在荆棘之中。这座纪念碑高约四米左右,背面上镌刻着密密麻麻的浮雕。浮雕的正中是一个人物的造型,他的衣着非常怪异,表情也十分狰狞。

一些雄伟的金字塔上长满了粗壮的树木,变成一座座荒丘。他们费力地爬上金字塔的台阶，发现金字塔上面装饰的雕刻比纪念碑上还要奇特和精美。

史蒂芬斯他们完全被眼前的一切惊呆了，仿佛无意之间闯入了一个神秘的世界！正是他们的发现，就此掀开了瑰丽多姿的美洲考古发掘的新序幕和新篇章。

此后，相继而来的一批批考察队在美洲的丛林和荒原中先后发现古代城市遗址多达170多处。

 链接

玛雅的"真正"发现者——史蒂芬斯

1805年，约翰·史蒂芬斯出生在美国新英格兰一个富裕家庭，成年后致力于研究玛雅文化，他虽然并不是寻访中美洲遗址的第一人，却是第一位以自己的作品引导一般大众走向中美洲遗址的人，他的研究成果的问世代表着对玛雅文明凭空臆想的浪漫时代终告结束。从一定意义上来说，他可称为是玛雅的"真正"发现者。

1836年，史蒂芬斯在伦敦结识了弗雷德里·卡瑟伍德，这两位青年一见如故，大谈旅行和探险。他们的相识为他们共同对玛雅的探索创造了契机。

不久以后，史蒂芬斯和卡瑟伍德两人展开了一次长达10个月的外交考古之行。卡瑟伍德后来回忆，热爱冒险的史蒂芬斯"一边追随一个形同不存在的政府，徒劳无功；一边寻访若干已成废墟的城市，成效卓著"。

1841年，史蒂芬斯的《中美洲恰帕斯及尤卡坦旅途见闻》第一卷出版，这本书问世后很快引起了轰动。其中考古研究仅占全书的三分之一的篇幅，其余则是不折不扣的历险故事，以及对沿途风景、城市和村庄、作者巧遇的人物、中美洲政策，乃至于征服史和殖民史的描述和讨论。

1842年10月，为了完成"旅途见闻"的后续部分，史蒂芬斯他们再度出发，前往尤卡坦，一直待到翌年6月。他们的书在几个月后出版，这一卷的考古方面的篇幅要比前一卷多，它对44处古遗址作了探讨和描述。

新书出版后的轰动，并不亚于前一卷书，后来几乎年年再版。可以说史蒂芬斯的作品打开了玛雅考古之门，对玛雅考古起到了巨大的影响和推动作用。

二、玛雅人的神秘栖息地

栖息地在哪里？

翻开人类文明的发展史，诞生文明的地方都是建立在容易生存的河川台地附近，比如：古巴比伦文明诞生在两河流域，古埃及文明诞生在尼罗河流域，古代中国文明诞生在黄河、长江流域以及古印度文明诞生在印度河、恒河流域。

总体来说，这些文明都诞生在亚洲和非洲。与文明层出不穷的亚洲和非洲相比，美洲这块大陆却异常安静，似乎文明这个词与美洲这块大陆毫不相干。直到有一天，"玛雅"这个字眼走进了世人的视线，人们才对这块陌生的土地产生了兴趣。

与前边几大文明的生存环境相比，玛雅文明可以用"独树一帜"来形容。这里没有像尼罗河这样的大河流冲积的平原，有的只是郁郁葱葱的热带雨林和火山。

大概在4000多年前，勤劳的玛雅人就来到了中美洲地区这块不大的郁郁葱葱的丛林里，用他们的双手创造出了辉煌的文明。

玛雅人活动的这块地区向北是突出的尤卡坦半岛，向东望是大西洋的墨西哥湾和加勒比海，西边接着太平洋，东南向与西北向分别通过中美诸国和墨西哥的两条狭窄的陆地与南美洲和北美洲相连。

如果用现代政治国家疆域来划分玛雅文化地区，它包括今天墨西哥南部塔巴斯科、坎佩切、尤卡坦等州和危地马拉、洪都拉斯以及伯利兹外围地区。

这块区域面积虽然不是很大，自然风貌却多种多样。按照自然风貌的差异可以将这个地区分为三个部分。第一部分是南部玛雅地区：山脉及其中间的高原——美洲中部山脉——与南方接壤，这一部分属于高地地区，主要是由沿着太平洋的一系列山脉组成；第二和第三部分融合在一起，没有一条清楚的界线，第二部分是中部玛雅地区，这一地区属于低地地区，主要是以佩滕湖为中心，其中也包括一些周边的谷地；第三部分是北部玛雅地区：半岛北部的石灰石盆地。

玛雅文明在这里诞生

大约在4000多年前，第一批古玛雅人来到了玛雅的南部地区——危地马拉高地，开始了玛雅文明的创造工程，玛雅文明从此诞生。

南方高地海拔高度在1200米以上。这里冬天气候干燥、寒冷，高山地区有冰雪覆盖，人们的生产生活极为不便，受到了自然环境很大的限制。除了海拔高、冬天气候寒冷之外，还有许多随时都有可能喷发的火山。由此可想，玛雅人初到这里的时候，生存环境是多么恶劣。

在这里，不管是高原还是峡谷，森林的覆盖率都要比佩滕盆地低。虽然峡谷的森林覆盖率低，但是却有大片的绿地，各种各样的常绿植物像是给山峦披上了苍翠的外衣。谷地里有肥沃的火山土壤，大小河流穿越其中，湖泊随处可见。

在谷地里还蕴藏着大量的黑曜石资源，它是玛雅人宝贵的矿产资源。玛雅人拿着用黑曜石打磨的饰品或器皿换回他们需要的生产资料。谷地里分布着的河流将玛雅人生活的这片土地和太平洋沿岸的低地岛屿连接在了一起，从而为黑曜石的贸易打开了便利之门。

"黄金时代"从这里走来

中部玛雅地区是以佩滕湖为中心的流域盆地地区，也包括一些周边谷地，南部是一大片草地。它是玛雅的第二个主要自然分区，最早的玛雅石建筑群乌瓦夏克吞城就在此地。这里是玛雅文明古典时期的中心，而玛雅文明的黄金时代就产生在这里。

以佩滕湖为中心的流域盆地东西长70多公里，而南北宽却不足33公里。在内陆盆地的北部边缘是一连串的湖泊，在雨季，这些湖泊可以连成一片。其中最大的一个是伊察佩滕湖，它的古代名字叫恰图纳，它坐落在东西部盆地的中间。

在中心盆地的北部是连绵起伏的山脉，东部和西部都是低凹的峡谷。山峦的南侧地势十分陡峭，人类无法在上边活动，所有的高山和峡谷都被浓密的热带雨林覆盖。在茂密雨林里，生长着各种各样的植物。

中部玛雅地区的气候比南部玛雅地区温暖，比北部玛雅地区湿

佩滕湖

润。玛雅人在这里除了种植印第安谷物和玉米以外，他们还培植了其他的水果、蔬菜和可食植物，如西红柿、面包果等。除此以外，这里的玛雅人还种植一些经济作物，像香草和作为芳香剂的多香果、棉花、烟草等。

这里的动物资源比南部高地更加丰富。佩滕森林的上空飞翔着鹦鹉、鹧鸪、火鸡鸟、兀鹫等鸟类，地上奔跑着美洲虎、鹿和犰狳等哺乳动物，还有很多像蛇之类的爬行动物。这一地区最繁盛的生命要数昆虫：各式各样的蚂蚁、白蚁、大黄蜂、无针蜂等，夜幕降临的时候就会有数不清的巨大的萤火虫和成群的蚊子倾巢而出。

丰富的自然资源也给生活在这里的玛雅人带来了便利，他们利用这些上天赐予的资源获取食物、制作衣服、调配药品……例如，这里石灰石资源丰富，玛雅人就利用它们建造房屋，用这种石灰石建造的房屋不仅坚固耐用，而且不怕风雨的侵蚀。此外，玛雅人还能把生石灰烧制成熟石灰来制作陶器。

就在那些山谷里以及山势较为平缓的山脉北麓，古代玛雅人建造了他们的祭祀中心，发展了他们的文化。在今天的人来看，这里是美洲新大陆上最不适于人类生存的地区，而玛雅人却在这里生活得有滋有味，并把他们的文化发展到了巅峰，不能不让人感到惊叹。

北部玛雅地区奇怪的地理结构

从以佩滕湖为中心的流域盆地地区到尤卡坦半岛的北半部，茂密的热带森林渐渐地过渡到了灌木丛。巨大的桃花心木、人心果树、西班牙香柏和木棉树渐渐地被浓密的灌木丛取代。这就是北部玛雅地区。

北部玛雅地区与中部玛雅地区的土质截然不同。北部玛雅地区的南半部低洼而平坦，一般腐殖质不超过几厘米深，而佩滕地区的腐殖质可以达到将近1米深。这里有大面积的多孔的天然石灰石露天矿，由于雨水直接通过多孔的石灰石渗透到地下，这里几乎看不到地表河。只有为数不多的河流和湖泊，有些细小的河流只能称之为小溪。

由于北部玛雅地区的降水量少、地下排水能力强，所以通常半岛的北部地区十分干旱。

在这里有奇特的自然地理结构——塞诺特结构。塞诺特是一种自然地理结构，一般形成于地表石灰岩崩塌暴露出地下水体的地方。它们的直径一般可以达到60多米，甚至更大，它们的深度则取决于地下水的埋藏深度。在遥远的玛雅时代，塞诺特是最重要的水源地，它决定着尤卡坦半岛上玛雅人群的分布。哪里有塞诺特，哪里就会建立起一座聚居区。

令人不解的是，尤卡坦半岛的地理环境并不适合先进的农业种植技术的应用和人类聚居，可是玛雅人却在这里发展了他们的文明。这其中的奥妙是什么呢？

三、玛雅文明的发展史

玛雅人起源大讨论

美洲大陆是一块美丽、奇异、富饶的大陆，在哥伦布到来之前，这块神奇的土地上曾活跃着各种各样的印第安人：在辽阔的阿根廷潘帕斯草原，有策马飞奔、挥着响鞭、甩开绳套、追逐牛马的骑手；在巴西、秘鲁的茂密森林中，有赤身裸体追猎美洲豹的勇士；在北极夕阳映红的海面上，有驾驶着

"芦苇马"小舟的爱斯基摩渔夫。这些勤劳勇敢的印第安人凭着自己的智慧，在美洲大陆上创造了高度发达的古文明。

玛雅人作为印第安人的一支，也在美洲这块土地上辛勤地耕耘着。虽然他们脚下的土地是那么的贫瘠，那么的不适合人类生存，可是他们依然选择了向大自然发起挑战，创造属于自己的文明。可是聪明的玛雅人为什么要选择自然环境这样恶劣的地区建造自己的家园呢？他们的祖先到底从哪里来呢？既然玛雅人是印第安人的一支，那么，研究了印第安人的起源问题，也就知道了玛雅人的起源。

关于印第安人的起源问题，国际学术界有很多推论和假设，众说纷纭，莫衷一是。

本土说

关于印第安人起源问题的讨论，阿根廷的古生物学家、人类学家弗洛伦蒂诺·阿梅吉诺首先发表了自己的观点。

在阿梅吉诺看来，阿根廷的潘帕斯地区是哺乳动物进化的中心，是人类的摇篮，那里曾有过比亚洲大陆、非洲大陆更早的类人猿。

阿梅吉诺认为，在地质年代的第三纪里，阿根廷曾经有一种平原哺乳动物，他们随着生存环境的需要和时代的变迁逐渐进化成了四足类人猿，再后来进化为三足类人猿、两足类人猿，最后形成了类人猿。由于类人猿的大量繁殖，美洲大陆不能满足他们的生活需要，于是他们开始想方设法迁徙到其他的大陆上。也正是由于他们的迁徙，才使地球到处产生了人类。

依照阿梅吉诺这种说法，美洲不仅是印第安人的故乡，而且还是整个人类的摇篮。

阿梅吉诺的观点，很快引起了拉丁美洲境内外学术界的广泛讨论。专家们对他的"理论"依据进行了研究验证，很快就否定了他的学说。

阿梅吉诺的观点虽然看起来逻辑性相当严谨，简直就是无懈可击。但是他赖以建立自己理论的一些类人猿的遗骨，却经不起古生物学、考古学和地质学的检验。

一方面，他把一些动物遗骨误认为是类人猿遗骨，同时他在阿根廷首都布宜诺斯艾利斯发现的一块头盖骨经复原后证实不是猿人的头骨，而是属于蒙古人种。另一方面，他又把这些遗骨的地质年代大大提前了。

既然阿梅吉诺的"本土说"被否定了，那么印第安人的祖先到底来自何方？他们是什么时候迁徙到了美洲？他们是怎样到达美洲的？他们属于什么种族？

外来说

阿梅吉诺的"本土说"被否定后，学者们总体上认同"外来说"。然而，在"来源地"问题上又出现了分歧。大致有以下几种观点。

一是"亚洲起源说"。

"亚洲起源说"认为，美洲印第安人的祖先是亚洲人，这是较为普遍的一种说法。

根据地质学家测定，在冰川时期（公元前7万至1.2万年），亚洲东北部与美洲西北部有狭窄的大陆相连。于是，人们作了如下假想和猜测：远古时期，亚洲东北部一些属于蒙古人种的亚洲人在追逐野兽或迁徙过程中，不知不觉间来到白令海峡，开始他们只是穿梭于白令海峡两岸，后来他们发现美洲的环境更适合他们生存，于是他们在距今4万年到1.8万年之间陆续迁移到了美洲。后来这些人又从北美向南迁移，逐渐遍布美洲大陆。

二是"南太平洋群岛起源说"。

在南太平洋中有连绵不断的岛屿，有人认为印第安人的家乡就在那片岛屿上，他们认为南美印第安人中有的来自美拉尼西亚，有的来自波利尼西亚，有的来自马来西亚。但也有人跟这些人唱反调，他们则认为南太平洋群岛上的马来人来自南美洲的秘鲁。

尤其令支持"南太平洋群岛起源说"的人感到兴奋的是，他们确实找到了一些南美和南太平洋群岛上的人在语言和民俗上的相似之处。但是很遗憾，这些证据只能说明两者之间在比较晚近的时候有过交往，不足以说明印第安人的起源问题。

三是"陷落大陆起源说"。

持这种观点的人认为，在与直布罗陀海峡平行的大西洋水面上，曾有一块名叫"大西洲"的大陆，这里曾是世界上文明程度最高的地方；后来，这块大陆因为洪水爆发突然沉没了，侥幸逃脱了这场灾难的人就逃到了美洲，在美洲继续发展他们的文明。

持这种观点的学者也有自己的依据。西班牙的巴斯克人不论在种族或语言方面都与别的欧洲人不同，可是在大西洋彼岸却可以找到巴斯克人的"亲缘"——中美洲的一些玛雅印第安人。他们不仅同具鹰钩鼻的脸型，而且据史料记载，曾有一位巴斯克传教士，在危地马拉的玛雅部族传教时，发现他们竟能捉摸出这位传教士的巴斯克语义。又据早期西班牙殖民者描绘，墨西哥的玛雅人后裔所喜爱的球戏，几乎跟巴斯克人玩的双打回力球完全一样，他们所使用的松土泥锹也十分相似。诸如此类，自然又使人推想，他们可能有共同的祖先，即都是大西洲人的后裔。

这种推论看上去很合理，但是，还是证据不足。一方水土养育一方人，如果说玛雅印第安人跟巴斯克人相似的话，因为水土相似也是可能的。

四是"西北欧起源说"。

这种观点认为美洲印第安人的祖先是从欧洲大陆向北经过冰岛和格陵兰岛进入美洲的。至于到底是哪一支人进入了美洲有很大的争议，有的说是爱尔兰人，有的说是日耳曼人，有的说是苏格兰北部和西部的盖尔人，有的说是丹麦的弗里松人，还有的说是克尔特人。

五是"以色列犹太说"。

这种观点认为美洲印第安人与公元前722年被亚述人打败后的以色列部落有关。持此说的学者认为，以色列部落被打败后纷纷外逃，一部分人滞留印度和中国，另一部分人经由鞑靼到达亚洲东北角，过白令海峡进入了美洲。持此说的学者声言在印第安人中间找到了许多与犹太人相同的体质特征、心理素质和风俗习惯。

印第安人到底是如何起源的，至今没有定论。或许还需要我们继续探究和猜想吧。

玛雅文明三部曲

玛雅文明是主要是指中美洲的古代印第安人文明，也是美洲古代印第安文明的杰出代表。对玛雅文明的分期，各家说法不一，据美国考古学家N·哈蒙德的划分，可将玛雅文明分为前古典期、古典期、后古典期三个阶段。

玛雅文明的诞生

玛雅文明的前古典时期，亦称玛雅文明形成期，是玛雅文明的诞生时期。从新石器时代农业村落的出现一直到产生文字和树立传统记年碑铭都是属于玛雅文明的前古典时期，从时间上来看，这是一个稍微漫长的萌芽期，大约从公元前2500到公元250年。

在公元前2500年左右，玛雅人来到南部玛雅地区。在此之前，印第安人的"农业革命"已大功告成：他们把一种河谷中的野草经过漫长的培育，变成了既甜美又营养丰富的粮食作物——玉米。

来到这里以后，勤劳的玛雅人开始了伐林焚草，开荒耕植。这个时期的玛雅人，由于生产力低下，能力有限，他们的肉食相对较少，只能依靠玉米来填饱肚子。他们在这里大面积伐林来种植他们赖以生存的玉米，因此玛雅人自称是玉米人，而他们的文明也被称作"玉米文明"。

在这个时期玛雅人已经学会了建筑房屋，过着定居生活。有了固定居所的玛雅人有了足够的时间去制作和发明自己日常生活所需的简单器具，也就在这个时期，玛雅的手工业也发展了起来，而手工业的发展又促使了交换，人们逐渐学会了利用自己手中的手工制品去和他人交换自己更需要的东西。

在公元前1500年前后，玛雅地区出现了最早的陶器，陶器的出现也标志着玛雅人从蛮荒时代跨进了文明社会。陶器之所以能走进玛雅人的生活，跟玉米是分不开的。玉米是易种保收的"铁杆"庄稼，当玛雅人收获的玉米吃不完的时候，他们就开始寻找能储存玉米的器皿，于是陶器就应运而生。

一般认为,玛雅文明是在受到中美洲文明影响以后开始崛起的。奥尔梅克文明于公元前1300年前后诞生在墨西哥湾沿海一带,是墨西哥最早出现的文明,被学术界公认为是玛雅文明的"文化之母"。玛雅人从奥尔梅克人那

玛雅文明的诞生

里继承了很多传统,比如:对统治者的崇拜、现实主义画像、叙事艺术等。

玛雅人沿袭了奥尔梅克以城市为中心的社会基本组织方式,大约在公元前700年到公元前500年玛雅城市出现。城市既是部落、宗教祭祀活动的中心,也是政治、经济的中心,大部分人口散居在城市的周围。城市活动的中心内容是大型的宗教祭祀,这是玛雅人的盛事。生产资料的交换成为城市社会的经济活动,城市与城市之间偶尔也会有摩擦,偶尔发生战争。

在这个时期玛雅人已经有了自己风格的建筑物。查尔丘阿帕城作为早期玛雅文明的重要的中心城市,已经有了巨大的石柱。此外查尔丘阿帕的一座建于公元前600年的金字塔也是玛雅前古典文明时期的杰出建筑成就。

玛雅文明的兴盛

玛雅文明的"古典期",是玛雅文明的全盛期,时间约

为公元250年至公元900年。

这一时期如果再详细划分的话，又可以分为早、中、晚三个阶段。

大约在古典文明早期的时候，玛雅文明的中心地区从南部海岸和高地转移到了中部地区。这时低地地区的一些城邦趁着太平洋沿岸许多城市衰落的机会发展了起来。其中较为著名的是蒂卡尔。

大约从公元200年左右，蒂卡尔慢慢地发展了起来，它一步步地扩大自己的势力范围，不断地通过吞并邻近的小城市扩大自己的领土。蒂卡尔城和城外住宅区的占地面积仅仅60平方公里，可是它的防御面积却相当于整个蒂卡尔城和城外住宅区的两倍还多。到古典时期的早期末，蒂卡尔城的居民就达到了6万左右。

此外，考古人员根据在中部玛雅的低地地区发现的手工艺品推断，蒂卡尔可能已经将它的贸易一直向南扩展到了佩滕地区。

在古典文明的早期，玛雅人的建筑水平有了很大的提高。从这个时期的文明遗迹来看，精致的厚石板取代了巨大的石块，这样一来，从某种程度上节省了物力和人力资源。

在古典文明晚期的时候，特奥蒂瓦坎逐渐走向了衰落。特奥蒂瓦坎是墨西哥中部的一个城市，它属于阿兹特克文明。在公元前5世纪的时候特奥蒂瓦坎走向了强盛时期，它不仅在政治经济上控制了墨西哥中部，也影响了玛雅地区的发展。特奥蒂瓦坎的衰落，给玛雅人的城邦提供了契机。由于没有了特奥蒂瓦坎这样强大的对手，玛雅城邦控制了更多的商业路线，同时也获取了更多的财富。

在玛雅古典文明的晚期，城市的数量不断增加。各地较大规模的城市和居民点数以百计，但尚未形成统一国家，都是据地自立的城邦小国，各邦皆有王朝统治，而以中部的城邦最多。这些城市邦使用共同的象形文字和历法，城市规划、建筑风格、生产水平也大体一致。在中部热带雨林区，帕伦克、科潘、基里瓜等祭祀中心已形成规模宏大的建筑群。

在晚期，玛雅的人口也飞速增长。随着人口的增多和玛雅城市的发展，玛雅贵族阶层开始兴起，玛雅贵族在这个时期已经拥有了较大的权力，整个社会都出现了阶级分化。

从公元9世纪开始，玛雅文明衰落的迹象出现在玛雅世界的各个地区，其中尤其以南部的低地最为典型：每个城市的中心都中止了新建筑物的建造，繁华的大城市变成了热带雨林各种植物、动物快乐成长的家园。科潘最后一块标有日期的纪念碑出现在公元822年，瓦哈克通是在公元889年，蒂卡尔是在公元869年……北方及尤卡坦半岛地区和高原地区的变化稍微小一些，可是也显然在走向衰败，并且这种衰败随着商业贸易的中断更为明显。

玛雅文明的衰亡

在玛雅文明的后古典时期，玛雅逐渐走向了衰亡，年代约为公元900年至公元1520年。

公元987年，居住在墨西哥中部图拉城的托尔特克人南下征服了尤卡坦，并把奇琴伊察定为了都城，所以这个时期的玛雅文化有着浓厚的墨西哥风格。

奇琴伊察城是在公元前9世纪初期建造完成的，它拥有的财富和实力是普通的玛雅城市无法相比的。奇琴伊察是玛雅文明后古典时期的最强大的城市，也是中美洲最强大的城市之一。

在这个时期的建筑中出现石廊柱群及以活人为祭品的"圣井"、球场，还有观察天象的天文台和目前保存最完整的高大的金字塔式台庙。

后来北部的玛雅藩取代了奇琴伊察成为后古典期的文化中心。玛雅藩意为"玛雅人的楷模"，它大约在公元1220年至1450年间控制着尤卡坦半岛北部的绝大部分地区。它是玛雅人在低地地区修建的最后一座城市。

这一时期的陶器和雕刻艺术都比较粗糙，世俗文化兴起，并带来好战之风。玛雅藩的统治者与其他城邦结成联盟，用武力建立起自己的统治。在公元1450年时，可能由于国家内部叛乱，玛雅藩被焚毁，从此玛雅文明走向了衰落。

四、千年前的血战

玛雅人的血色记忆

有很多人认为玛雅民族是一个热爱和平的淳朴民族，或许是因为玛雅人没有完备的法律却很尊崇社会规则的吧。

在今天墨西哥的玛雅后裔部落中，可以看出一些古玛雅人的遗风。

在玛雅后裔的部落里，犯罪的人相当少，刑罚也轻，鞭笞100下已算重刑，还要分期执行——每天早晨鞭笞25下，连续执行4天。这4天里犯人不必坐牢。尽管如此，却很少有人趁机躲避鞭笞，因为那样会被视为法律的背叛者。

此外，玛雅人的每座城邦规模都不大，对目前已经发掘出土的玛雅城邦进行初步统计后，专家得出的数字是170多座，未被发掘的小城邦估计为数不少。看上去，玛雅社会似乎很符合中国古代哲学家老子的"小国寡民"的政治理想。

事实果真如此吗？

专家们却给出了不同的解读：在玛雅古典文明时期，一旦某个城邦在贸易竞争中处于劣势时，就会成为其他城邦垂涎的肥肉。不仅如此，玛雅人的性格中似乎还存在着异常血腥的成分。

玛雅人的战争

人类有史以来，始终处于人口增长、利害冲突也增长的过程中。于是人类就通过战争这种极为特殊的方式来解决王朝的更替、领土的纷争，来获取自身利益的最大化。纵观全球，除两极和一些实在不适于人类居住的地域外，几乎所有的角落都被人占领了。而长期的争战之后，许多民族灭绝了，还有些民族则被迫长途跋涉、远走他乡去开辟新的生存天地。

玛雅人也是如此，他们的文明里也不可避免地渗透着战争的血腥。

有专家曾推断：古典期玛雅文明的消失是蒂卡尔和卡拉克穆尔两大城邦长期争战的结果。

2002年夏天，飓风刮倒了危地马拉多斯皮拉斯一座玛雅金字塔旁的一株大树，露出18级隐藏的台阶，几百个玛雅文字得以重见天日。文字学家破译后惊喜地发现，这些文字记录的正是玛雅的"世界大战"，而处于战争中心的正是蒂卡尔和卡拉克穆尔。

蒂卡尔是古玛雅最大的城邦之一，位于今危地马拉北部雨林中。公元445年竖立的一块石碑记录了蒂卡尔战胜邻邦瓦哈克通的历史事件，这场胜利标志着蒂卡尔的崛起，也就是这场胜利把蒂卡尔和卡拉克穆尔的争霸推上了历史的舞台。

卡拉克穆尔是玛雅中部地区的大国，位于今墨西哥境内，有"蛇之王朝"之称。当时，几乎所有的玛雅城邦都被迫臣服于蒂卡尔或卡拉克穆尔这两大军事集团。

起初，两大集团在军事上势均力敌，双方都不敢轻言宣战。两大集团犹如林中两只争霸的猛虎一直对峙着，他们保持这样的对峙局面至少有130年之久。这百年间也是玛雅局势的平稳期，也催生出了灿烂的玛雅古典文明。

蒂卡尔在这个时期逐渐达到了鼎盛态势——城市面积超过65平方公里，居民达5万人，影响着方圆500平方公里的区域，控制着近200万人口。虽然按今天的标准来看，这只不过是个小城市的规模，但是在生产力极其落后的1000多年前，它却是一个不折不扣的大国！单是那3000多座金字塔、祭坛、神庙，以及装饰着浮雕彩画的华丽王宫和廊庑围绕的市场，就足以说明它当时是如何的强大。

两大军事集团之间的战争终于爆发了，一个叫作多斯皮拉斯的小城邦成为了两大国征战的策源地。

多斯皮拉斯本是蒂卡尔的一个军事前哨，它建于公元629年。后来蒂卡尔王扶植自己的弟弟巴拉贾为多斯皮拉斯王。公元658年，卡拉克穆尔征服了多斯皮拉斯，俘虏了蒂卡尔王的弟弟巴拉贾，巴拉贾旋即投靠卡拉克穆尔，重登王位。公元679年，巴拉贾倒戈攻击蒂卡尔，当时"尸骨堆积如山，血流成河"，场景异常惨烈。巴拉贾最终获胜，他率军洗劫了蒂卡尔王都，将哥哥蒂卡尔王杀死祭神。

战争并未就此结束。蒂卡尔王的儿子卧薪尝胆，20年后又卷土重来，打垮了卡拉克穆尔，随后移师征讨多斯皮拉斯。公元761年，多斯皮拉斯城池被蒂卡尔王的儿子率军攻破，惨遭屠城。蒂卡尔王的儿子重新统治了蒂卡尔，登上了蒂卡尔王的宝座。卡拉克穆尔军事集团从此消失。

然而，蒂卡尔在消灭对手的同时也削弱了自身的力量。公元869年蒂卡尔消亡，原先依靠强权维系的联盟也分崩离析，各城邦间相互猜忌，并以在祭台上虐杀俘虏为乐。大量城邦相继毁于战火，只留下无数残垣断壁陪伴着寂寥的雨林。

人们猜测玛雅人在公元9世纪消失的主要原因是因为战争，并非是凭空想象。在墨西哥博南帕克遗址中有一座很特别的"画庙"。这是一座墙壁上铺满图画的三厅神庙，画面展示了一次国家盛典从准备到完成、从战争到酒宴的过程。

其中，神庙中室的《凯旋图》，在高3.4米、宽6米的整面墙壁上，描绘了这样一幅画面：凯旋的国王和贵族正在审判和屠杀在战争中得到的俘虏，俘虏十分绝望地跪在刑罚台上，在他的旁边是高高举起刀的刽子手，站在刑罚台边的旁观者则是举着枪矛、族徽热烈庆祝的博南帕克国人。

站在这幅壁画前，观众恍若置身于人马嘶鸣、号角喧天、血光四溅的战场上，不免有触目惊心之感！在当时博南帕克只不过是一个三流小邦，它的主人们尚且如此好勇斗狠，何况像蒂卡尔和卡拉克穆尔这样的玛雅大邦，他们之间的战争更是何等残酷与血腥呢？

战争毁掉一个文明何其容易，令人感慨万千。

坎昆城中的屠杀

如果说玛雅历史中的"世界大战"见证了玛雅文明的血腥，而发生在坎昆城中的屠戮则更能证明玛雅文明是血色的文明。

坎昆位于尤卡坦半岛东北角，一度因远离战火而保持了繁荣，但这并不能使他远离血腥。

公元800年，统治坎昆长达40年的塔吉·查纳克死去了，在他尸骨未寒之际，王宫附近便发生了一场惨绝人寰的大屠杀。

受害者中有男人、女人、儿童，甚至还有几个月大的婴儿。凶器是石斧和石刀。凶手们残忍地杀害了这些人，并将他们分尸。考古学家在池塘中发现了一具小男孩的骸骨，在对小男孩的颈椎骨进行鉴定后推测：当凶手突然出现在他面前时，小男孩转身想跑，却被凶手几步追上，将他的头猛地向后拉起，石刀向他颈下刺入……

这场残酷的屠戮，既不像战争，也不像人祭，更不是抢劫杀人，因为死者们普遍佩戴玉器，其中一名男子还戴着一条用36颗美洲虎犬齿制成的项链。一只美洲虎有4颗犬齿，而制作这串项链需猎杀9只美洲虎。如此贵重的饰品，凶手们竟然都毫不动心。这显然是一起灭门惨案。

经过研究，考古学家们首先确定了受害者的身份——从美洲虎牙项链可以判断出受害者应该是坎昆城的王室，因为只有王室成员才有资格佩戴用美洲虎犬齿制成的项链。而且考古学家还在一具支离破碎的死者骸骨旁，发现一个雕工精致的贝壳项圈，贝壳上面刻有"坎·马什"的象形文字字样。坎·马什是塔吉·查纳克的儿子，即坎昆的新王。由此考古学家推断：坎昆王室成员遭到了集体屠杀！

凶手又会是谁呢？

有专家判断是当地的饥民。那么专家们为什么将饥民定为这场大屠杀的"犯罪嫌疑人"呢？专家做了一系列的分析论断。

在玛雅，贵族自称"阿尔梅赫诺勃"，直译为"有父母者"，意指血统高贵，祭司也是从贵族中产生的。贵族们住在富丽堂皇的宫殿和庙宇中,而农民们则栖息在城市外围的木屋中,他们日出而作,日落而息,收成的2/3都被贵族掠去。贵族们为了维持显赫的地位,不仅需要战争和结盟,还要修造更多的神庙、宫殿,举行更大规模的祭祀仪式……这些活动都需要消耗大量的人力和财力,而贵族自然不会用自己的双手去创造财富,他们只会把全部负担转嫁到农民肩上。

在玛雅人的家庭结构上,农民只能有一个妻子,贵族却可以妻妾成群。如果一位玛雅王生育4个子女,这4个子女又各生育4个子女,算到曾孙辈,就有64人。而这仅仅是和一个妻子孕育的后代,事实上他拥有多个妻子,那么一个城邦中拥有王室血统的人,数量会是相当可观的。而这些王室贵族们要过着奢华的生活,必然要疯狂地去掠夺农民。长此以往,大量的农民最终要沦落为流离失所的难民。

最终的历史情形可能是这样的:贵族和农民两个阶层彻底决裂,大批难民开始离开坎昆,到雨林中寻找食物和住所。随着时间的推移,难民们越来越绝望,最终在愤恨中聚众而起,攻入王宫,杀死了王室贵族,将他们的尸体扔进王宫附近的"圣池"。之后,他们又像蝗虫一般涌向其他城邦,抢夺食物,杀戮贵族……

五、玛雅人的文明遗迹

古典时期最大的城邦——蒂卡尔

在危地马拉北部佩滕省东北部的丛林中,有一座玛雅文明的遗址——蒂卡尔。

蒂卡尔能够走进世人的视线，中间有一段曲折的经历。

公元1525年，当西班牙殖民者科尔特斯率队穿过佩滕地区去洪都拉斯，途经蒂卡尔旁边时，他竟一点也不知道有一颗最光彩夺目的玛雅明珠就近在咫尺。就这样他与蒂卡尔擦身而过。

公元1696年，西班牙天主教修士阿旺达诺带着两名修士和几名印第安人，在丛林里迷了路。他们走了一个月后，偶然在密林深处发现了蒂卡尔古城。遗憾的是，他们的发现并没有引起世人的关注，蒂卡尔古城还是默默无闻地沉睡在丛林之中，除了森林里奔跑的各种动物，没有一个人去光顾。

又过了近百年，蒂卡尔古城才重返人间。1848年年初，两名危地马拉官员率领一支探险队走进了荒无人烟的蒂卡尔古城。探险队里的一名画家用心画下了当时蒂卡尔古城里的各种建筑物和雕塑像。随后，由一位官员写了一份报告，并附上了画家的素描呈交给了危地马拉政府。这份图文并茂的报告，直到1853年才被公布。可惜的是，这份报告在当时仍没有引起足够的重视。

直到1870年，法国探险家德西雷·夏尔内带着当时刚刚问世的照相机，穿过密林，找到了蒂卡尔古城。当夏尔内拍摄的200多幅照片和绘制的图画、路线图和地图等展现在人们面前时，世人惊异的目光终于投向这座销声匿迹近千年的玛雅古城。

此次发现之后又经历了近一个世纪的时间，直到公元1956年，100多名美国考古专家经过危地马拉政府的同意后才前往蒂卡尔古城考察和发掘。

至此，蒂卡尔才得以较为全面地展现在世人面前。

蒂卡尔是古代玛雅最大的城市之一，它建在沼泽环绕的丘陵上，由九组建筑群和大广场组成，以桥梁和堤道相连。

据1980年危地马拉公布的考古调查报告称，在这座被玛雅人遗弃的蒂卡尔城，古代玛雅人用石头和石灰建筑材料，建成了一座座巍峨的金字塔。这里共有大小金字塔300多座，它们一般为斜截锥形，由高大的台基及其顶端的神殿构成，其外观十分匀称。这里还有石碑200块，石柱80根，古墓12座。在古墓中，考古学家发现了大量墓葬文物。这些墓葬文物中不仅有玉镯、美洲虎玉雕、玉项链等奇珍异宝，还有多达10万件的各种工具和生活用品。

金字塔是蒂卡尔最重要的标志性建筑。在蓝宝石般明净的天空下，一座座拔地而起的金字塔刺破林莽的密网，在绚烂的热带阳光下遥遥相对，熠熠生辉。更令人叹为观止的是蒂卡尔金字塔斜度达70度，其外形有如欧洲的哥特式教堂般奇峭，因而有人称之为"丛林大教堂"。

遥想当年，一代代玛雅祭司（通常也是玛雅王）沿着

蒂卡尔古城遗址

陡峻得令人晕眩的石阶，一步步走向金字塔顶端装饰着高耸"顶冠"的神庙，仿佛升入天际，在那儿，他们与众神沟通，获得超越世俗的力量；也是在那儿，他们观测星象，制定历法，成为千千万万玛雅人心目中的世间之神；在那儿，神与王合二为一……

蒂卡尔古城的核心是长约120米、宽约74米的中心广场，其他建筑都矗立在广场的周围。

广场东西两侧有两座面对面的神庙，分别是闻名遐迩的"1号神庙"和"2号神庙"。人们根据神庙内部过梁上雕刻的主题，把它们分别叫作"大美洲豹神庙"和"蒙面人神庙"。

"大美洲豹神庙"建于公元700年左右，高52米，是一座金字塔形建筑物。塔顶上耸立着圣殿，圣殿顶上有屋脊瓦。神庙正前面有长长的、令人头晕目眩的陡峭的台阶。神庙下面有一座带拱顶的陵墓。可惜的是，这座陵墓早已被人盗过。不过在里面还是发现了一大批华丽的殉葬品，其中有37件骨雕，上面都刻有玛雅象形文字，还有坐在独木舟中在水上游玩的动物神像图案。

"大美洲豹神庙"跟蒂卡尔的其他圣殿一样，有大量木雕过梁。但是，大部分雕梁不是被腐蚀就是被虫蛀了，还有一些被旅游者带走，送进了博物馆。

蒂卡尔城广场的"北卫城"是统治蒂卡尔的众王树立墓碑的地方。在蒂卡尔的中心广场上，树立着几十块被学者称为"石碑仪仗"的纪念碑。它们整齐排列着，上边记载着当时的自然现象、政治事件和重大的宗教仪式。最早的一块刻于公元292年，最晚的一块刻于公元869年，此后就突然停止雕刻了。

蒂卡尔是玛雅古典时期最大的城邦，古典时期玛雅的文明中心已从南部转移到中部。在公元前600年前后，蒂卡尔还是一座不起眼的农庄，但在随后的几个世纪里它的规模不断扩大。到公元前2世纪，蒂卡尔城已初具规模，蒂卡尔城的周围是人口密度很高的居住区，面积约为65平方公里。

公元292年，"美洲虎之爪王"开创王朝，建功立业。这位强而有力的玛雅王统治了六七十年，为蒂卡尔日后称霸奠定了坚实的基础。在他之后，"蜷鼻王""暴风雨天王"将蒂卡尔推上了昌盛的巅峰，迎来了第一次盛世。但在公元6世纪中时，由于受到来自墨西哥北部移民大迁徙浪潮的冲击，蒂卡尔发生了大的政治动荡，王朝风雨飘摇，城市建设一度停滞。

100多年后，蒂卡尔才又生机重现，再次成为玛雅地区的最强国。在这个时期里，蒂卡尔连续出现三个强大的国王：阿卡高王、雅克京王和奇坦王。考古发掘后所看到的美轮美奂的蒂卡尔城，就建成于这三个国王统治的太平盛世之时。

第二次盛世时，蒂卡尔的居民达4万多，共有3000多座金字塔，此外还有大量祭坛、石碑等遗迹，影响的区域达方圆500平方公里，控制着近200万人口。仅在其中心区域，就有大型金字塔十几座，小型神庙50多座。它们以古老的中心广场为核心分布在四周，旁边还有装饰着浮雕彩画的王宫和廊庑围绕的市场，并有几条高出地面的石砌大道，连接着各个宗教中心。

蒂卡尔在阿卡高王的儿子雅克京王和孙子奇坦王的统治下，逐渐发展成为一座大的城市。这里不仅有巨大的神庙金字塔，还有宫殿群落、球场、市场和蒸汽浴室。

令人不解的是，面对着如此壮丽巍峨的建筑群，面对着规模如此庞大的城市，生活在蒂卡尔的玛雅人却好像没有丝毫的留恋，不管是贵族还是平民，都在公元9世纪神秘地离开了，只留下一座空空的蒂卡尔城和蒂卡尔城中的谜。

 链接

蒂卡尔考古

公元1961年，考古学家在"1号神庙"下面偶然挖出一间拱顶内室，并在里面发现了一具遗骸及大量玉石、贝壳和珍珠等陪葬品。经考察，这个神庙就是第二次将蒂卡尔推向兴盛时期的阿卡高王的陵墓。阿卡高王公元682年即位，他带领着蒂卡尔走进了一个扩张的时代，使之成为这个地区的主宰。

阿卡高王统治期间大兴土木，蒂卡尔城的布局大体就是在那时定格的。阿卡高王还把城市的仪式中心从古老的北卫城转移到广场上，并在那里兴建了蒂卡尔第一和第二号神庙。这两座建筑凭借精美的装饰和近42米的高度使以往所有建筑都黯然失色，并且还为玛雅以后的建筑树立了新的标准。

神秘的奇琴伊察城

奇琴伊察古城遗址是墨西哥古代宗教遗址，坐落于墨西哥东南部尤卡坦半岛梅里达城的东部120公里处。

尤卡坦半岛属于石灰岩层地带，这里地表的河流和湖泊很少，但有许多因岩层塌陷而形成的天然地下水池或水井。玛雅人的伊察部落能在该处定居建城，靠的就是这些地下水池供水。"奇琴伊察"在玛雅语中是"伊察人的井口"之意，城市因此而得名。

公元500年前后，佩滕地区的玛雅文化迅速衰落。玛雅人背井离乡，向尤卡坦半岛北部迁移。玛雅人北迁的结果之一，便是建立了新帝国——奇琴伊察。奇琴伊察城后来随着玛雅帝国的衰亡而被遗弃。

公元10世纪末，古城又曾一度兴旺。古城以天象确定方位，布局严密、结构合理，主要建筑多围绕方形天然水井或位于通向水源的道路两侧。古城南北长3公里，东西宽2公里。遗址中主要的建筑物有城堡金字塔、虎庙、厅殿、球场、石柱、圣井等，还有一些圆形建筑，所有建筑都以雄伟壮观的风格以及建筑内外精美的雕刻装饰而引人注目。

奇琴伊察古城遗址建于公元435年，11世纪至13世纪城市发展达到顶峰。城内有玛雅文化中期和后期的建筑物数百座，1988年作为文化遗产列入《世界遗产名录》。

神秘的圣井

奇琴伊察的井多，功能也不同：有的井专为供水，有的却专用于人祭。

在奇琴伊察城的南北向的轴线上有两眼巨大的天然井。南井是饮水井，奇琴伊察地处尤卡坦半岛北部的干旱地区，水源全靠由石灰岩层塌陷而形成的天然井。要不是有这口天然井，玛雅先民伊察部落也就不会在此生存和发展。

北井则是玛雅人祭神用的圣井。所谓"圣井"，也称为祭井，是两个椭圆形的天然蓄水池。这口井的开口呈不规则的椭圆形，井壁直立而下，非常陡峭，一层层的岩层叠在一起，看起来像是水中荡开的涟漪。这口井从井口到水面有20多米，水面之下到井底也有20多米深。

玛雅人对这口井顶礼膜拜,奉若神灵,称之为"圣井""雨神之家"。为了取悦神灵,每到春季的时候都要由祭司或者玛雅王带领玛雅人在这里举行盛大的祭献仪式。每当祭献的日子,国王都要将挑选出来的一名14岁的美丽少女投入这口通往"雨神宫殿"的圣井,让她去做雨神的新娘子,向雨神乞求风调雨顺。在献美女的同时,祭司和贵族们也把各种黄金珠宝投入圣井,以示诚意。

通常玛雅人是在清晨把作为人祭的少女投进井里,如果她被扔进水中很快溺死,那么,人们就感到非常失望。他们会哭号着一起向水中投石头,因为神灵已经把不祥的预兆昭示给了他们。如果少女在井中数小时后仍然活着的话,人们就会把她捞上来,礼遇有加,因为人们认为这个人已经和神灵交谈过,她能活着,是因为神灵答应了他们的要求而放她回来。

19世纪时,有关玛雅人的"圣井"的故事成了天方夜谭,令人将信将疑。有个叫汤普森的美国人怀着巨大的好奇心去寻找传说中的"圣井"。他费尽周折,历尽艰辛,终于如愿以偿。

神秘的圣井

1885年的一个夜晚,汤普森按照当地人的指点,终于找到了那口令他魂牵梦绕的"圣井"。

1877年,汤普森打捞了这眼充满脏水、石块和烂草枯木的黑洞,也就是玛雅传说中的"圣井"。结果令这名探险家惊喜不已:他从井底臭气熏天的淤泥中打捞出一件件期盼已久的珍宝，有玉石、金饰、花瓶、翡翠碗和黑曜石矛尖等，伴随这些珍宝的是一具具未成年人的骸骨……汤普森的打捞证明那些关于玛雅人祭的传说并非只是传说，而是千真万确的史实。

 链接

祭祀用的是男子还是女子？

对于玛雅人用未成年少女祭祀"圣井"的说法，有人提出了不同的看法。他们认为玛雅人祭祀时使用的很有可能是男孩或年轻的男子，而不是女子。持这种说法的人依据的是尤卡坦大学的一位考古学家的研究发现。

尤卡坦大学的这位考古学家把在奇琴伊察一个"圣井"底部发现的127具尸体的骸骨拼凑在了一起，对它们一一作了鉴定。经过鉴定，他惊奇的发现，在这127具骸骨中有超过80%的尸骨很可能属于3到11岁的男孩。而另外的20%可能属于成年男性。

这位教授认为，这些小孩经常是活生生地被玛雅人扔进井里，以取悦玛雅雨神。也有些小孩则是在被献给众神之前按照仪式被剥皮或者肢解。

据这位专家推测：玛雅人之所以会选择将这些未成年的孩子献给他们的神灵，是因为玛雅人认为这些神灵喜欢小孩，尤其是雨神。所以玛雅人用这些小孩祭祀，是一种直接与雨神沟通的方式。

尤卡坦大学这位考古学家的发现公布于世后，很快赢得了很多人的支持。先前许多考古学家之所以认为玛雅人是用处女来祭祀，是因为从公元850年左右到西班牙人建立殖民地期间的这些骸骨被发现时常常戴有翡翠珠宝。如果仅依据配饰来判断就是处女的话，论据显得过于单薄。

可是以这位考古学家为代表的"男子说"也只是猜测。因为发现的这些骸骨都属于未成年人，以目前的科技手段很难确定尸骨的性别。

库库尔坎金字塔

库库尔坎金字塔位于奇琴伊察古城遗址大广场上。库库尔坎金字塔已不属于纯玛雅文化的范畴，而是玛雅文化与阿兹特克文化结合的最典型例证。

托尔特克人是曾生活在墨西哥中部的一个部落，从属于阿兹特克文化圈。奇琴伊察在经过玛雅王国的短暂兴盛后，随即便被征服，成为统治者昆沙柯多的新首府。昆沙柯多在托尔特克人的语言中是"羽蛇神"的意思，玛雅语称之为库库尔坎，库库尔坎金字塔因此得名。"羽蛇神"也是玛雅人所崇拜的神，是风调雨顺的象征。

库库尔坎金字塔是奇琴伊察古城内最高大的建筑，建于10世纪，占地约3000平方米，四方对称，四边棱角分明。整座塔呈阶梯形，共有9层，向上逐层收缩。

这座金字塔高约30米，在这座塔的四周各分布着91级台阶，总共加起来有364级台阶，如果再加上塔顶的羽蛇神庙，正好有365级台阶，象征了一年中的365天。

玛雅人崇信太阳神，他们认为库库尔坎（即带羽毛的蛇）是太阳神的化身。他们在库库尔坎金字塔朝北的台阶上，精心雕刻了一条带羽毛的蛇，蛇张口吐舌，形象逼真，蛇身却藏在阶梯的断面上。

这个雕刻艺术，虽如龙腾虎跃，鳞潜羽翔，但平时看不见，因为蛇身隐藏在台阶的断面里。只有在春分、秋分时，阳光自北照射于上，其神采才展现于世人眼前。每年春分和秋分这两天的日落时分，北面一组台阶的边墙会在阳光照射下形成弯弯曲曲的七段个等腰三角形，连同底部雕刻的蛇头，宛若一条巨蛇从塔顶向大地游动，象征着羽蛇神在春分时苏醒，爬出庙宇。每一次，这个幻象持续整整3小时22分，分秒不差。这个神秘景观被称为"光影蛇形"。

这座古老的建筑，在建造之前，经过了精心的几何设计，它所表达出的精确度和玄妙而充满戏剧性的效果，令人叹为观止。

除了神秘景观"光影蛇形"之外，在神秘的库库尔坎金字塔还有一个不解之谜：如果有人站在主阶梯前拍手，在金字塔顶端便会听到一声沉闷的回音，听起来像鹰的叫声。据说玛雅人把这种鹰的叫声看成天空中神灵的声音。玛雅人认为，通过这种方法，可以使居住在地上的人和居住在天上的神进行沟通。这种奇异的现象更为这座金字塔增添了神秘的气息。可是究竟是如何形成这种奇异现象，科学家们至今没有定论。

 **链接**

金字塔的建造之谜

坐落在玛雅文明遗址中的金字塔，不只库库尔坎金字塔这一座，这些金字塔还有一个共性的未解之谜——这些既高且威的金字塔是如何建造的？

玛雅人并未建造连接都市与密林的道路，而且始终不曾使用过金属。在热带雨林建造世界最大的超文明金字塔，所需的巨石从何而来，又是如何搬运的呢？

玛雅人会制造车轮，却不应用在实际生活上，研究专家们为此感到大惑不解。尤其玛雅人既不用车轮，也不借助家畜，更不用金属，那他们建造巨石建筑，真的只用人力吗？科学家还发现在大型金字塔附近，并没有道路或水路可供运输，只有大型的平坦的广场。

因此，有人猜测玛雅人就是外星人。假如玛雅人真是外星人的话，这些谜题便迎刃而解了：外星人可以用飞碟当作运输巨大石材和交通的工具，只要有大型的平坦广场来作飞碟的停机坪，完全可以不用道路和有轮子的交通工具。在许多玛雅的古建筑群遗迹中，如危地马拉的蒂卡尔、墨西哥的帕伦克等在高大的金字塔和建筑群中间都有宽敞的广场，有可能就是外星人飞碟的起落场所。因此玛雅人始终没有留下道路的遗迹和运输工具的遗物。

奇琴伊察的其他历史痕迹

库库尔坎金字塔，是玛雅人对其掌握的建筑几何知识的绝妙展示，而金字塔旁边的天文台，更是把这种高超的几何和天文知识表现得淋漓尽致。

天文观象台在库库尔坎金字塔南面，是玛雅文化中唯一的一座圆形建筑。它建在一个方形台基的中央，高22.5米，内有旋梯连接各层，上层有精密设计的8个小窗口，通过这些窗口可以观察到春分、秋分半圆的落日。

通过这座壮观的天文台可知玛雅人是十分重视天文观察的，并且他们的天文学知识也达到了很高的水平。玛雅人通过观察天象，不仅能够相当准确地预测出日食和月食，而且能够测出金星的公转周期。

奇琴伊察的球场在中美洲同类建筑中规模最大，现存有7座。其中最大的球场长156米，宽36米左右，几乎是现代足球场的两倍。球场的四周有围墙，纵向围墙的底部装饰有图案各异的浅浮雕。球场的两端分别建有庙宇。

沿着一条长廊可通向奇琴伊察的"武士庙"，武士庙建有1000根圆柱，又被称为"千柱厅"。该庙建于公元11世纪，以内部占地广阔著称。穹窿形的石顶用木楣支持，木楣则置放在石柱之上。如今，房顶和木楣都已不见，只有石柱石墙仍然留存。武士庙刻有极其丰富的浮雕装饰。大门上有两根纤细的蛇形柱，蛇头雕刻精美，两边墙面雕有龙头蛇身图案浮雕，梯道两边的顶端立有武士小雕像，在武士庙中通到圣殿的阶梯顶上，有座称为"查克穆尔"的石人像。考古发现，托尔特克人在尤卡坦半岛，留下许多这种石刻人像。考古学家们推测，在古玛雅社会里，每当举行盛大的祭祀仪式时，奇琴伊察的祭师就会把人祭的活人心脏摆在这个斜倚的人像上。

比起玛雅人早先建造的那些古城，奇琴伊察的建筑虽然稍晚，但别具特色，这座武士庙可以说是当时世界上最为超前的杰作。

"蛇王朝之都"——卡拉克穆尔

古玛雅城市卡拉克穆尔位于今天墨西哥的坎佩切州境内，面积大约有三十平方公里。卡拉克穆尔是玛雅文明古典时期最重要的城市之一。那时卡拉克穆尔是城邦"卡安"（玛雅语意为"蛇"）的首都，因此卡拉克穆尔被称为"蛇王朝之都"，而卡拉克穆尔的王朝也被称为"蛇之王朝"。

自玛雅文明的前古典时期至古典时期的晚期，卡拉克穆尔都是玛雅文明舞台上的一支重要力量。由于地处玛雅低地地区，所以这里的水源非常丰富。整个卡拉克穆尔城都被水环绕着，而且城中人工运河和天然河流纵横交错，水陆交通非常便利。便利的交通促进了这里经济的发展，带动了卡拉克穆尔城的繁荣。在卡拉克穆尔王朝强盛的时候，它的人口曾达到6万人。直到今天，世人通过卡拉克穆尔保存得较为完好的雄伟的建筑结构及其独特的整体布局，也可以想象到生活在古玛雅首都的人们的生活画面。

在卡拉克穆尔城有6200多座建筑物坐落在卡拉克穆尔30平方公里的中心地区。要论建筑密度，它的密度要超过有第一大城之称的蒂卡尔,而王宫风格的建筑和石柱也多于其他城市。

卡拉克穆尔城的布局非常合理。在城的北部竖着一座坚固的城墙,可能是为了防御外邦侵略用的。与别的玛雅城市相同的是,卡拉克穆尔也是以中心广场为主体的建筑群。在中心广场的南侧是2号建筑,这是一座底部面积为140平方米、高55米的锥形平台,站在这个锥形的平台上几乎可以看到卡拉克穆尔的全景。考古学家根据已经挖掘出来的部分,判断锥形建筑的最后建造阶段在古典时期的晚期。

在2号建筑的锥形平台的上边,有一座古典时期建造的宫殿。考古学家在对这个宫殿挖掘的时候,发现了有9个带有壁炉的房间,在这9个房间里他们还发现了一些磨谷物用的磨盘、一个带有壁龛的高台、一个祭坛和一些坟墓。考古学家还在墓室里发掘出了史前的骨头和陶器。

在2号建筑的锥形平台的下面竖立着一组雕刻的纪念碑,还有一些纪念碑散落在锥形平台的上面和内部,最早注明日期的两个纪念碑与平台相连。这些标有日期的纪念碑为考古学家研究玛雅文明提供了重要依据。

卡拉克穆尔城的6号建筑是一座金字塔,它坐落在中心广场的西面,属于玛雅文明前古典时期的建筑,不过后来的玛雅人在它原来的基础上又进行了一番改建,使之与对面的4号金字塔同处于中心轴线上。站在4号金字塔的神庙上,面向东方,在夏至可以看到太阳在6号金字塔后面升起,冬至在C区后升起,春分或秋分在B区后升起。生活在卡拉克穆尔的玛雅人可能就凭站在4号金字塔上看到的太阳景观来划分一年四季,从而断定他们的农作物的播种收获期。

在中心广场的东南面是3号建筑,这座建筑属于宫殿建筑。它是在20世纪80年代后期被发掘的。在这个宫殿建筑内，共有十二个房间，可供20至30个人居住。与2号建筑不同的是，3号建筑属于玛雅文明古典时期早期的建筑。通过与宫殿相连的坟墓来看，很明显，这座宫殿是围绕与它相连的坟墓来建造的。

据考古学家判断，与宫殿相连的坟墓大概建于公元5世纪。这座坟墓的通过一个小管道与宫殿相连，在坟墓内部，考古学家发现了一具成年男子的骸骨，死时至少有30岁。尸骸放在一张编织席上，尸体上涂有一层红色颜料，脸部带着一个镶花的翡翠面具。还有三副玉耳塞，一个玉镯，三十二颗玉珠，八千二百五十二颗珍珠，还发现了五个做工复杂的陶瓷器皿。

考古学家根据坟墓里的陪葬品推测，墓主应该是卡拉克穆尔的统治者。

玛雅的"艺术之都"——帕伦克

帕伦克古城伫立在墨西哥尤卡坦半岛的密林深处，厚重的石头筑成的神殿，竟有一种玲珑轻巧之风。生活在帕伦克的玛雅人用他们卓越的建筑技术，为那些石头注入了生命。

生活在帕伦克的玛雅人把他们创造的辉煌留给了今天的人们。这些历经1000多年风雨的建筑遗迹，以独特的方式为今天的人们讲述着久远的故事。在众多的玛雅文明遗迹中，帕伦克人把石头建筑艺术推向了顶峰。1987年，誉为"艺术之都"的帕伦克古城被录入《世界遗产名录》。

在帕伦克城中有着卓尔不群的神庙和宫殿、美不胜收的雕像和铭刻。金字塔神庙散落在丛林之间，虽然他们有一个中心，但不像中国建筑那样讲究布局对称，这足以体现玛雅人不拘一格、追求自然美的思想。坐落在帕伦克的金字塔既有玛雅金字塔共有的雄伟壮丽的风格，同时还有自己平展宽广的特色。真不愧"艺术之都"的称号。

然而这座"艺术之都"在玛雅文明被毁灭后，就一直在郁郁葱葱的热带雨林中沉默着，直到1746年被一位神父发现。

1746年，一名西班牙神父走进墨西哥恰帕斯州的密林。在密林深处，一座古代都市的废墟突然出现在神父的眼前：废墟上矗立着壮观的石头神殿，神殿里布满了华丽的石灰雕饰。这处被茂密树木遮掩的玛雅遗迹，最终被命名为帕伦克。在西班牙语中，它的意思是"被栅栏围起来的场所"。

根据废墟上的碑文，可以得知帕伦克王朝创建于公元5世纪上半叶。此后，在长达400年的时间里，帕伦克人创造并发展了他们的都市文明。帕伦克人以高超的技术建起了如此精确复杂的建筑，却没有借助任何铁器。他们仅靠石制工具，就创造出了高雅不俗的都市文明，真是奇迹。

帕伦克的主要建筑是一座宫殿和五座神庙，考古学家们把这些建筑称为帕伦克宫、太阳神庙、狮子神庙、铭文神庙等。

帕伦克宫建造在一个梯形土台之上，像一个八阵图，里面有许多庭院、门廊和房间。宫殿底座的土台底边长100米，宽80米，高10米。在帕伦克宫还有个可能是用来观测天文的4层石塔矗立当中，石塔高15米，所以被称为"天文观测塔"。帕伦克宫殿内部装饰着风格华丽、技巧精湛的壁画和浮雕。在宫殿通道的浮雕上，不仅有描绘帕伦克国王巴加尔加冕的情景，也有描绘其生平事迹的画面。

太阳神庙内壁刻有146个玛雅象形文字，至今保存完整。金字塔地基上是气势恢宏的长方形宫殿，据推测应该是古代玛雅祭司观测天象的场所。

在帕伦克的建筑群中，最引人注目的是建在金字塔上的"铭文神庙"。金字塔为正方形，共十层，向上逐层缩小，最低一层有梯阶九级，其余有梯阶七级，共72级。"铭文神庙"就建筑在金字塔顶的平台上。神庙有五个门，走廊上有壁画、浮雕，庙的四壁都雕刻着碑文。

可惜，现在还未破译出这些玛雅象形文字，至今尚无人知晓这些碑文的真正含义。这里的建筑物几乎都是平顶或有平台。金字塔的台阶象征通往宇宙的阶梯，这是玛雅建筑的典型特征。而帕伦克巴加尔国王的石棺就是在这座神庙底下被发现的。

巴加尔国王石棺的发现应归功于墨西哥考古学家亚尔伯托·鲁兹。在此之前，鲁兹已经在这里进行了长时间的挖掘。

1949年，鲁兹被墨西哥国立考古历史学院任命为帕伦克项目的负责人。在他进行的第一季的挖掘中，一切平淡无奇。但是，随着挖掘工作的深入，鲁兹发现了神庙内部某些细节的不同寻常：大多数玛雅神庙的地面都有一层装饰性灰墁，但铭文神庙的地面是光秃秃的石板。令人不解的是，地板中间的一块石板上有两排人工凿出并被石块堵住的孔洞。鲁兹观察了很长时间，都没有什么新的发现。

一天，他注意到神殿墙壁延伸到地板之下时，情况一下子豁然开朗了。他预感到神庙有地下建筑。鲁兹作出令人震惊的推断后开始向下挖掘。

他撬开了带有孔眼的石板，发现了一条塞满碎石的狭窄缝隙。鲁兹和考察队经过三年辛苦的劳动，终于在1952年夏季，使漫长的挖掘有了结果，一条向下的阶梯通道被清理出来。鲁兹和考察队员到达了阶梯的末端。

他们清理掉密不通风的碎石后，进入到一间密封的祭室。祭室里堆满了祭祀用品，包括玉石耳塞、大量的陶器和两个装满朱砂的贝壳。后来考察队员发现了被一块三角巨石堵住的入口。他们花了两天才使巨石露出了一条刚够一人通过的缝隙。

终于，1952年7月15日，鲁兹侧身挤进了内室，走下最后5级台阶后，置身于这个与世隔绝了千年的房间。

这是帕伦克国王巴加尔的墓室。要想进入这座墓室，必须拾级登上金字塔，进入铭文神庙，然后沿着螺旋形的石台阶才能下到墓室。考古学家分析，这座坟墓可能还有正门，但因金字塔是巨石砌成，发掘时不想损坏金字塔而放弃了继续寻找。

墓室的平面顶全用石头砌成，高7米、长9米、最宽处为4米。墓室后壁正中凿一龛，内有一浮雕武士像，左右两壁各有浮雕武士像三尊。墓室前端的中央置有一石棺，高约1.1米，长约2.8米，宽约2米，棺内壁四面均有浮雕纹。棺盖厚达27厘米，重达5吨。棺盖面及四周亦雕满花纹。在石棺内中央向下凿一石穴，它的前端为椭圆形，穴内涂满红色。通体染成红色的巴加尔国王仰卧在石穴内，头戴绿玉石面具，颈、胸、手、腕、足等处分别佩有玉制的项链、串珠、指环和小球，左足侧前，置绿玉太阳神偶像等。

鲁兹的发现写下了玛雅考古史上最令人惊奇的篇章。在此之前，很多专家学者都认为，玛雅没有强大的王权，金字塔式的神庙仅仅是祭祀用的神庙，不像埃及国王的金字塔那样是国王的陵墓。巴加尔陵墓的发现，向世人宣告了这样一个事实：玛雅存在着强大的王权和强有力的国王。

在鲁兹发现巴加尔陵墓之后，考古学家们又有了新的发现。在帕伦克王宫有一座四层高的望楼，这座楼通体以石材建成，高耸而又宽敞。让人奇怪的是这座塔楼的位置并没有设置在王宫整体的任何轴线上，这样的布局实在令人难以理解。

后来考古学家才明白，如此设置这座塔楼的位置是为了站在顶层上向西南面看铭文神庙。每年的冬至日，站在望楼的顶层向西南方向望去，都会看到太阳正好从铭文神庙之顶落下。它向世人传达了一个信息：太阳由此落下而到达神庙下面的巴加尔国王的墓室里，似乎太阳神也在向这位国王致敬。

 **链接**

巴加尔国王

巴加尔国王就是巴加尔二世，亦称为巴加尔大帝。他出生于于公元603年3月6日。公元615年7月19日，十二岁的巴加尔二世继承了帕伦克的王位，直到公元684年8月30日去世。"巴加尔"一词在古典玛雅语中的意思为"盾"。

帕伦克王朝开始于公元431年，在巴加尔继位以前，帕伦克国力微弱，经常受到强国的欺凌，曾两次被玛雅中部的强国卡拉克穆尔打败。巴加尔即位以后，励精图治，使帕伦克迈出了关键性的一步，慢慢地由弱国变成了强国。巴加尔在位68年，经过他的努力帕伦克成为了玛雅西部地区的"霸主"。因此现代有些史学家赞扬他的文功武略，称其为"巴加尔大帝"。同时，在巴加尔的时代帕伦克在建筑艺术等方面均达到了极高的水平。

按照玛雅的传统，王位传承是按照父系进行的，而巴加尔却是按母系继承的王位，巴加尔的母亲扎克·库克（Sac-Kuk）夫人是帕伦克的公主，巴加尔是通过母亲继承了帕伦克的王位。这在玛雅人的传统里是有悖常理的。所以，尽管巴尔卡文功武略，技艺高强，并使得帕伦克走向鼎盛，但他仍然必须神化自己才能巩固自己的王位。他把自己的母亲称作玛雅神话中的女神，而他自己的生日又恰巧与女神同一天，以宣示自己继承王位的合法性。同时他还在帕伦克各地竖立起大量的纪念碑，把自己的王朝血统追溯至公元431年帕伦克王朝的开创者。

巴加尔二世死后，他的儿子强·巴鲁姆二世继位。为了延续家族对帕伦克的统治，他就继续把巴加尔神化。除修造完成巴加尔的陵墓外，另建造了数座神庙，上面铭刻有大量装饰和文字，还有巴加尔和他自己的形象。

首座被发现的玛雅城市——科潘

科潘城是被现代人类发现的第一座玛雅城市，它于16世纪被迭戈·加西亚·德·帕拉西奥发现，到19世纪被发掘出来，1980年被列入《世界遗产名录》。

公元前200多年，科潘是玛雅的中心城邦，也是当时的科学文化和宗教活动中心，1576年，加西亚在从危地马拉去洪都拉斯的途中，发现了这处淹没在草莽丛中的古城遗址。

科潘玛雅遗址位于洪都拉斯首都特古西加尔巴西北部的科潘，距特古西加尔巴约225公里处，靠近危地马拉边境。科潘玛雅遗址坐落在长为13公里、宽为2.5公里的一条峡谷里。这里依山傍水，土地肥沃，森林密布。

科潘遗址是迄今为止发现的玛雅文明中最古老且最大的古城遗址。遗址中有金字塔、广场、庙宇、雕刻、石碑和象形文字石阶等建筑。它吸引了众多外国学者到此进行考古研究，是十分重要的考古地区，也是洪都拉斯境内重要的旅游点之一。

具有代表性的宗教性建筑，如金字塔祭坛、广场、6座庙宇、石阶、36块石碑和雕刻等是科潘城遗址的核心部分，在宗教建筑的外围是16组居民住宅的遗址。在这些居民遗址中，离宗教性建筑最近的是玛雅祭司的住宅，其次是部落首领、贵族及商人的住宅，最远处则是一般平民的住房。通过这种布局，我们可以看出在玛雅阶级社会中等级制度的宗教特点和宗教祭司的崇高地位，具有鲜明的等级特征。

科潘城的最大金字塔，高30米，共有63级台阶，它是由2500块刻着花纹及象形文字的方石块垒成，有一个宽约10米、长约60米的石梯直通塔顶。石阶两侧雕刻着两条倒悬着的花斑大蟒。每级石阶都刻着玛雅人的象形文字。石碑都是用整块山岩雕凿而成，上面也刻满了象形文字。这些图案和文字记载了玛雅人的重大事件。这个石阶是祭司和部族首领在玛雅人的祭祀活动中登上塔顶进行祭祀的通道。

一些小型的金字塔、庙宇、院落及其他的建筑物纷纷散落在这座金字塔的周围。在金字塔和金字塔之间建有大型的广场。

在广场的中央，有两座有地道相通、分别祭祀太阳神和月亮神的庙宇，各长30米、宽10米。墙壁和门框中有丰富多彩的人像浮雕。在两座庙宇之间的空地上，耸立着14块石碑，这些石碑建于公元613年至783年之间，所有的石碑均由整块的石头雕刻而成，高低不一，上面刻满了具有象征意义的雕刻和数以千计的象形文字，以记载玛雅人的重大事件。一位名叫伊特桑纳的祭司是石碑上众多的人物雕像中最突出的人物雕像，作为玛雅人的首任祭司,传说是他发明了玛雅象形文字和太阳历。另外,在众多的人物雕像中,只有一个看起来像女性,表明当时妇女地位的低下。

在广场附近,一座庙宇的台阶上立着一个硕大的、代表太阳神的人头石像,上面雕刻着金星。另一座庙宇的台阶上,是两个狮头人身像,雕像的一只手握着一把象征着雨神的火炬,另一只手攥着几条蛇,嘴里还叼着一条蛇。

在山坡和庙宇的台阶上,耸立着一些巨大的、表情迥异的人头石像。据说,玛雅人的第一位祭司、象形文字和太阳历的发明者伊特桑纳死后,就被雕刻成众神中的主神,供奉于此。另一个长1.22米、高0.68米的祭坛上,刻有4个盘腿对坐的祭司。他们身上刻有象形文字,手中各拿着一本书。在这个祭坛的雕刻群中,还有用黑色岩石碎片镶嵌成花斑状的石虎和石龟。

科潘玛雅遗址中,还发现了一个面积约300平方米的长方形球场,地面铺着石砖,两边各有一个坡度较大的平台,台上有建筑物的痕迹。据考证,这里是科潘的玛雅人在祭祀仪式中举行球赛的场地,科潘的玛雅人在举行祭祀仪式时,要进行一场奇特的球赛,用宗教活动来选拔部落中的勇士,而球赛中的失败者将被砍头祭神。

公元前1100年,在郁郁葱葱的科潘河谷里开始有玛雅人定居,大约在公元250年进入了玛雅文明的古典时期。从那一时期起,玛雅人开始在包括科潘在内的各地修建大型城市。后来,一位名叫宝蓝色鹦鹉的国王统治了科潘(宝蓝色鹦鹉是玛雅人供奉的一种热带鸟)。他下令修建了第一座大型的庙宇。他的后代接着统治了科潘15个世代。科潘在他们的统治下成为玛雅古典文明中数一数二的城市。

科潘另一位著名的国王叫灰色美洲虎,他在7世纪时统治了科潘大约70个年头。在他的治理下,科潘的领土扩大了,人口数量也在不断地增长,同时也带动了城郊的发展。在这个时期,皇亲贵戚们在中央金字塔周围修建了大量的庙宇、广场和住宅。那些跟皇室攀不上亲戚的人只好搬出闹市,在广场、庙宇和皇室贵族住宅的外围,重新构建自己的家园。他们在构筑自己的家园的时候占用了平民的大量农田,许多农田就是在这种"大鱼吃小鱼,小鱼吃虾米"的环境中变为了建筑用地。科潘的经济也一天天衰退下去。

科潘的最后一位国王叫雅克斯·潘克,他于公元763年登基。尽管他下令修建了许多纪念碑和祭坛,把自己描绘成一个强大的君主,但仍然无法挽救已走上颓势的科潘。人口过剩和庄稼欠收导致了食物的短缺,科潘人体质整体下降。科学家们分析研究了当地的骨骸,发现科潘后期人口中的百分之九十都

科潘城

患有营养不良或其他病症。

雅克斯·潘克死于公元820年,科潘的辉煌也到此结束。考古研究表明,在此后的几个世纪中,玛雅的科潘人继续生活在河谷地区,但人口持续锐减,他们再也没有精力去修建新的的石碑、祭坛等建筑。

大约到了公元1200年,除了少数一些农民和猎户外,科潘已无人居住。热带森林开始慢慢地吞噬科潘地区,树林、枝蔓和杂草渐渐将所有的石碑和庙宇覆盖……

走近玛雅——玛雅人的生活

一、玉米文明

玉米在玛雅人的生活里

玛雅文明和其他文明不同，不是产生在大河流域，而是崛起在贫瘠的火山高地和茂密的热带雨林之中。玛雅人以玉米和豆类为主食，所以，玛雅文明虽是城市文明，却深深地植根于玉米农业。

大约9000年前，古代印第安人发现了一种濒于灭绝的野生植物——玉米的前身，他们将这种野生植物一代又一代地精心栽培，终于培育出了高产农作物玉米。当玛雅人的祖先迁居到玛雅地区时，玉米自然也成为他们的主要食物。从此，玉米便和玛雅人的命运息息相关：玉米的丰收给国家带来繁荣和稳定，玉米的匮乏则产生饥馑和动乱。因此，古代墨西哥玛雅文明和阿兹特克文明又被称为"玉米文明"。

玉米对于大多数玛雅人来说，是神圣的食物。至今中美洲一带还流传着关于玉米的神话：玉米是太阳的礼物，由太阳之子赏赐给人类，太阳之女教会人们如何种植。玉米的漫长成熟期和种植玉米的艰苦劳动，是神对人类的忘恩负义所施加的报复。在玛雅人的生活中，所有事物都被看作是玉米的相似物，或者以玉米来形容。

玉米之所以在玛雅文明中这么重要，是因为玉米最适宜中美洲的光照和贫瘠的地力。近年来，人们在危地马拉的热带雨林中发现了玛雅人的水渠网和"台田"。水渠网纵横交错，与附近河流相通，以利排水；修渠挖出的泥土则被垒在耕地上堆成一块块长条形的"台田"，玛雅人在台田上精心耕作，旱涝保收。可见当时的农业已达到了较高的水平。

公元前3000年左右，人工培植的玉米就已经摆上了玛雅人的餐桌。在以后的1000年里，玛雅的大部分地区都开始种植玉米，玉米的种植也为社会的发展提供了巨大动力。由于玉米能够大量的生产，而且不容易腐烂，所以到了后来，无论是生活在高地地区还是低地地区，玛雅人都以玉米作为全年的生计。

随着玉米的广泛种植，玛雅人逐渐停止了以前的游走生活，开始定居下来。刚开始，玉米的种植虽然在不断推广，但是并不能够完全取代他们早期获取食物的方式。逐渐地，玉米在玛雅人的饮食中所占的比例在不断上升，到公元前1500年左右，玉米所占比例已经达到了35%，到了公元600年左右的时候，这个比例已经达到了75%。

玉米在玛雅人的餐桌上

玉米是玛雅人的主食，所以玛雅人餐桌上的食物大多数都跟玉米有关系，他们也总结出了很多玉米食品的做法和吃法。

玛雅人收获玉米之后，把玉米粒磨成面是他们烹饪玉米食物的第一步。他们加工玉米面的方法是：首先用木棒或者手把玉米粒从玉米棒上搓下来，然后把这些玉米粒泡在水里，等到玉米粒泡软了以后，再从水里捞出来放在锅中慢慢煮熟，煮熟了以后就把它们捞出来放在容器里，用石棒或者木棒碾磨，直到玉米粒被磨成精细的玉米面。这是一个非常繁琐的过程，经历这些繁琐的劳动之后，玛雅人才能把那些常见的玉米变成玉米面。

玉米面磨好了以后，接下来就是烹饪了。玛雅人食用玉米的方法主要有三种。

第一种是把玉米面掺点水，揉成玉米面团，然后擀薄了做成薄薄的烤饼。这种烤饼是玛雅人最简单也是最传统的食物。玛雅人的餐桌上最常见的就是这种烤饼，几乎一日三餐都有。他们一般都是中午的时候做这种饼，并且做的时候就把晚上的和第二天早上要吃的饼也做出来。因为玛雅男人每天早上四五点钟就要到田里劳动，而且有的田地离家较远，他们为了节省在路上的时间，会在早晨下地的时候带上中午的饭，饿了以后就在田间地头咬一口薄饼。

第二种食用方法是把玉米面裹上馅，做成类似中国包子一样的食物。这种食物被叫作玉米面团包馅卷。

这种食物的制作方法非常讲究。

玛雅人餐桌上的食物大多数都跟玉米有关系

走近玛雅——玛雅人的生活

首先是馅的种类。可以做馅的材料很多，豆类、蔬菜、肉类等都可以做成馅，在用这些材料做馅的时候玛雅人通常把它们碾成泥，然后再放入一些像红辣椒粉之类的调料。

馅调好了以后就用玉米面团包好，接着就是蒸。他们的蒸法有点像中国人煮粽子，先用鳄梨树叶或者玉米叶把包了馅的玉米面团包好，然后放到锅里蒸。蒸好了以后就可以端上餐桌了，在食用的时候，他们也会伴着辣椒调料吃。另外，玛雅人精心制作的这种玉米食物也会经常被端到祭桌上。

第三种食用方法就是把磨好的玉米面加点水煮成玉米粥，这和中国部分地区食用玉米的方法有着异曲同工之妙。玉米粥是玛雅人经常吃的食物，对于玛雅人来说携带非常方便，他们可以直接用葫芦喝，也可以用陶罐装着带到田间当午饭，又解渴又抗饿。所以玛雅人死后下葬有时候会陪葬一些盛玉米粥的容器。

玛雅的贵族食用玉米粥通常会加一些巧克力，而玛雅的平民则喜欢加一些红辣椒、蜂蜜或者香草一起食用。

玛雅人种植玉米的方法

考古研究表明，玛雅人种植玉米大概可以分为以下几个步骤——

第一是选好地址。俗话说，万事开头难，玛雅人种玉米也是一样，尤其是在热带雨林这样不利的耕作条件下，找块用于耕种的地是很辛苦的事。农夫至少得花一整天时间，仔细观察林中树木、草丛的长势，树越高，灌木丛越密，它们脚底下的泥土也就越肥。然后他得考虑地与水源的远近。尤其是在尤卡坦半岛北部地表水有限的地方，玛雅农夫在选择地址时会选择一个离水源较近的地方。

在地本身的因素考虑到之后，还得参考它与村子的距离。这就看各人运气了，如果运气好的话，农夫从家里出发，在离家不远处就能找到一块各项指标都符合的地。可是如果运气不好的话就遭殃了，他们甚至走一天都找不到一块合适的地，有的甚至要走上两三天的路程。尤其是在附近的地都开垦完了以后，他们只有向更远的地方寻找。

选好地之后，农夫将之划成小块，用石块在每小块四角作标记。丈量土地的工具是一根20多米长的绳子。有趣的是，考虑到鸟雀的侵犯，农夫在量地时总是比每小块应有的边长（20米）多放出一点，仿佛裁衣服留贴边，这些余量是"贴"给鸟雀的。

第二是砍伐林木。前边提到所谓的地与我们平常概念中的田地是截然不同的。它们与其说是田地，不如说是玛雅人划为己有的森林。玛雅农夫还得用石斧把里边的树木砍倒搬走。一般情况下，他们总是先砍矮树、爬藤类植物和灌木丛，等把这些占据低空间的东西全部铲除后，再去应付那些参天大树。有时树太高大，只能先剥了树皮，让它慢慢枯死。砍下的树木还常被堆起来辅助接下去的烧林工作。

第三是焚烧杂草。砍伐的时间一般是在8月，此时正处雨季高峰，草木所含水分充足，最易砍伐。而且土壤也极为潮湿，经过一段时间的晾晒后地上的杂草基本上都晒干了，等到第二年的三四月份的时候就可以焚烧了。

具体烧林的日子得是个有大风的天气。有记录表明，这个日子是由祭司仔细选定的。这些特殊的玛雅知识分子用他们的天文观察和神学感应充当天气预报员。火先在迎风口点燃，借着风势席卷整片地。人们在一边不停地打呼哨召唤风神，希望它们至少等到烧过预想位置再停下歇息。

有趣的是，玛雅人只担心风力不足，而从不为风助火势殃及邻近森林而操心。原因还在于热带雨林的特性：即使在最干燥的季节里，森林中树木仍含有足够的水分，难以点燃。因此，即使砍伐过的那片地烧尽了，火势燃及邻近树丛，也至多烧毁最近的一小部分，就自然熄灭，不会进一步蔓延开来导致森林大火。

第四就是圈地。这里的圈地绝不等同于英国资产阶级的"圈地运动"。玛雅人圈地，主要是针对于家畜。所以这一步骤只是在有了家畜业之后才产生的。古代玛雅人不养马放牛，即使玉米地就在村子附近，也无须用什么围栏。即便是现在，充作围栏的也只是些临时性的灌木荆棘。由于玉米地的连续使用最多不超过两年，所以这些围栏的使用率也很低。

第五就是播种。玛雅人坚信播种应在一年的第一场雨后，而每年的第一场雨总是在圣十字日（3月3日）这一天开始。实际情况也确实如此！下种之前总是先用尖头棒挖一个坑，一次下种五六颗，有时还同时夹杂几颗豆类或南瓜的种子。各个坑洞间距离一米多一点儿，一般一个坑内会长出2到3株玉米。盖土是简单地用脚蹭一下或用棒粗略地划拉几下。纵列基本取直线，有时也因地形特殊而作相应偏绕。

第六步是生长期间管理。玛雅人种植玉米，也要进行田间管理。热带雨林的气候地理条件催生着各种植物，也使玉米地里的杂草长势凶猛。从3月到9月，玉米的整个生长期内，至少需要除一次草。他们除草时将草连根拔起，从而最大限度地减少杂草的再生。

第七步是收获。玛雅收获玉米有自己的一套方法。由于玛雅人种植的玉米品种较多，成熟周期也不一样、有的两三个月就熟了，有的却要过4个月，还有的甚至要6个月。等到玉米成熟后，由于天然的热带雨林环境，他们通常是在9到10月先要玉米杆扳倒。他们这么做能防止雨水灌进穗里导致发霉，还能避免鸟来啄食玉米。扳倒玉米杆之后一个月，也就是11月份左右，玛雅人开始真正收玉米。

第九步是贮藏。玛雅人储藏玉米也很特别。收上来的玉米有的就近取材，他们连皮把玉米存放在玉米地里临时搭起的棚子里。等到吃的时候或者5月份再次播种时去掉内层包壳。有的被拉回村里，堆在屋子一角，犹如家中的小粮仓。

但遗憾的是，玛雅农民一直采用极原始的"米尔帕"耕作法：先把树木统统砍光，过一段时间干燥以后，在雨季到来之前放火焚毁，以草木灰作肥料，覆盖住贫瘠的雨林土壤（刀耕火种）。烧一次种一茬，其后要休耕1到3年，有的地方甚至要长达6年，待草木长得比较茂盛之后再烧再种。农业生产能力落后，一旦出现长时间的干旱，文明将变得非常脆弱，科学家推测这或许是玛雅文明突然消失的一个重要原因。

二、玛雅人的儿时光阴

人之初的洗礼

玛雅人非常看重新生命的诞生。直到今天，在尤卡坦半岛的玛雅人后裔中间仍然保留着一种古老的仪式——赫兹梅克,就是在婴儿诞生后某一天,要挎着婴儿的臀部将其抱起。

这个仪式的意义在于:通常新生的婴儿在被大人抱起的时候,都是处于平躺的姿势,而抱挎婴儿的臀部就会使婴儿呈坐立姿势。这意味着婴儿虽然还未站立,却已是坐立,是对人生而立的一次彩排,寄予着上一代人对下一代人的殷殷期待。

按照玛雅古老遗俗,赫兹梅克仪式当在女婴出生三个月时举行,男婴则在出生四个月时举行。男女之所以会有时间上的区别,据说是因玛雅人的炉火边有三块石头,象征着妇女在家中的活动范围;而玉米这种玛雅基本农作物的农田有四个边角,象征男子在田里的活动范围。这就是赫兹梅克仪式中"女三男四"的含义,它预示着男婴和女婴未来不同的人生职责。

通常在这一仪式中要有一对教父和教母。仪式开始前,孩子的父母会在桌案上摆放着9件不同的物品,这象征着这个接受洗礼的孩子在自己以后的人生中会使用什么工具,作为创造财富的凭借。而他们之所以会选9件,可能跟中国的古人一样,也以9为数的极限。

桌上摆放的9件物品男女也是有区别的,这可能是由玛雅社会劳动分工不同决定的。对男孩来说,他们的父母会在桌上放一本书、一把弯刀、一把斧子、一把锤子、一条刺枪、一根播种掘土棍以及其他将会需要的物品;而对女孩来说,桌上放的则是针、线、瓢、烙玉米面煎饼的铁盘之类的物品,通常是她的未来生活中所需要的东西。

仪式开始后,男婴的父亲会郑重地把孩子交到教父手中,教父则把孩子挎抱在自己的左臂上,走近桌案,挑选9

件物品中的一件并把它放到孩子手中。然后，教父一边挎着孩子绕桌案行走，一边告诫孩子物品的用法。比如当他拿本书给孩子，他可能会念叨说："你现在从这儿拿了书本，带走吧，这样你就能学着阅读和写作了。"

教父要抱着孩子绕着桌案走9圈，每一圈都选择9件物品中的一件交到孩子手中，同时对孩子念叨着这一物品的用途。教父预先把9粒玉米粒放在物品之间，每走一圈就取走一粒，以此来记住走了多少圈。

教父抱着孩子走完9圈后，会把孩子转交给教母，教母又重复上述教父这些动作。她记住绕桌案圈数的办法是预先在桌上放9颗葫芦籽，每走一圈后就吃掉一颗。

教母的任务完成后会把孩子交还到教父的手中，再由教父把孩子还给孩子的父亲，并说："我们已经给你的孩子做完了赫兹梅克。"孩子的父母会跪在教父教母面前以示谢意，旁边的赞礼者此时会把食物、甜酒、烧鸡和煎饼等奉献给教父教母。于是，这个仪式就圆满完成了。

玛雅人后裔的洗礼可能多少受到了天主教的影响，由教父教母完成使命，而在古代玛雅人那里可能是由玛雅祭司来履行的。虽然现代玛雅人的这种仪式带有了天主教的色彩，但是从中还是能看出玛雅人的古老传统被保留了下来。

玛雅人的赫兹梅克仪式，会使人联想到中国的"抓百岁"仪式。或许，古代中国的"抓百岁"和古代玛雅的赫兹梅克是同一文化观念的不同变体吧！

链接

中国的"抓百岁"

中国的"抓百岁"也称作"抓周",是在孩子出生满百天(或一周岁)时进行的一项重要仪式。

宋代释文莹所著《玉壶清话》卷一记云:"曹武惠彬,始生周晬日,父母以百玩之具罗于席,观其所取。武惠左手捉干戈,右手取俎豆,斯须取一印,余无所视。后果为枢密使相。"曹彬是宋初大将,后封武惠王爵号,他周岁时自己从各式各样的小玩艺儿中偏抓取了干戈、俎豆、官印这几样。干戈是兵戎之器,俎豆是祭祀的礼器,所谓"国之大事,在祀与戎"(《左传》),这可了不得,而官印更是自不待言。曹彬抓了这几样东西,等于是彩排了他未来人生的辉煌,预演了他官至主管军事的宰相的威风。

这虽说是迷信,但却反映了一种文化观念,至少显示了望子成龙的天下父母心。《红楼梦》中那位贾宝玉,不就是因为抓了胭脂而惹得他父亲贾政不愉快吗?

这种中国式的"自抓",多了点预卜色彩,而玛雅人的"代挑",则强调了上一代人的愿望。但将其作为未来人生的预演、彩排,却是有着雷同的文化心理。无论中国还是玛雅,文化中都规定了男女两性的性别规范导向,而这种规范导向就是由具体物品来喻指和象征的,正像前面我们开列的那些玛雅用具物品那样。中国人生儿子叫"弄璋",生女儿叫"弄瓦",玉璋的形状类刺剑,而瓦大约是磨碾谷子所用或贮水存粮的陶器,完全可见初民时代男女的社会分工。弄璋弄瓦就其渊源说,正是在谈人生、社会、文化呀!

就这一仪式的相似之处来看,中国人和玛雅人或许还真有什么关系呢。

名字的由来

中国人非常看重生辰八字,认为在天干地支的排列之中包含着人生的要义、命运的轨迹;中国人也很看重姓氏笔画、数理格局的命名学问,认为这种后天赋予的称谓名号能弥补先天命相之不足,如缺水的取名"淼",缺金的取名"鑫"。这些观念和做法看似荒唐,却透露出人们对下一辈的深切的关怀与眷爱。

同中国人一样,玛雅人也深爱着自己的孩子。玛雅妇女对孩子的未来寄予极大的希望,因此,她们会常常带着精心准备的贡品去取悦神灵,希望神灵能够给她们透露一些孩子的情况。

为了怀孕,妇女们还会向祭司求助。祭司则为想要孩子的妇女祈祷,并在她的床铺之下放置一个"制造孩子的女神",这与过去中国女人拜"送子观音"类似。

肩负着上一代人希望的玛雅孩子,一出生,他(她)的命运就似乎已经注定。

从出生到死亡,古代玛雅人的生活都是由他们的宗教信仰来决定,也就是由祭司(占卜家、预言家,或者按中国式的说法叫作算命先生)来解释的。事实上,每个玛雅人的一生中经历的各种仪式,早就由其降生的那个日子决定了,即由他生日落在卓尔金历日(260日周期的祭祀历)的某一天而预先注定了。

所以玛雅人认为一个人的名字必定要和他出生日(也包括生日那一天当值的神)有关,玛雅人的名字也一般是自动拼合起来的。这和过去中国人起名的方式类似。

玛雅人的孩子一出生通常是由祭司来给他(她)起名

的，并且这个名字将伴随他（她）整个童年时光。命名的时刻也是祭司给孩子预卜命运的时候，这时祭司会根据这个孩子的出生时间和近段时间的天象来给孩子取一个富有深意的名字，并给他占卜未来的命运。如果这个孩子运气好的话，他甚至有可能被选中侍从祭司，接受职业秘授。命名活动不仅包含社会中上一代人对下一代人的希望，而且还隐含了玛雅文化上的其他许多功能。

由祭司给孩子起的这个名字是他们的本名，但却不是他们唯一的名字，在他们的一生中会有好几个名字，就像过去中国人会有字和号。玛雅人从出生到死亡可能会有三四个名字。

古代玛雅人的名字通常有三个。

玛雅人的第一个名字是本名，就是由祭司起的那个名字，如同约翰、玛丽、小宝、珍珍一样。但是玛雅人有一种区分性别的方法，男孩通常在猛兽名、鸟类名、爬行动物名、树名等之前冠以"阿"，例如阿豹、阿羽、阿蜥、阿乔；女孩名字前则冠以"细"。

玛雅人的第二个名字就是在自己的名字前加上父亲的姓，就像中国人要在自己的名字前加上赵、钱、孙、李一样。不过这个名字要等到他们可以成婚的年龄才使用，玛雅的孩子们长到成婚的年龄时要举行青春仪式，这与中国古代男子20岁行冠礼，女子15岁行笄礼一样。在青春仪式上，孩子们获得父亲姓氏；而在中国，男子拥有了"表字"，作为成年岁月中供他人称呼的用名。

玛雅人的第三个名字，就是在第二个名字上再添上母亲的姓。这种名字是用在玛雅人结婚后。玛雅的女性结婚后，会在自己的名字前面加上她们母亲的姓氏，而她们母亲的姓氏是从她们的外祖母那里传下来的。正是因为有了这种承接方式，才使玛雅的女性姓氏不会湮灭在历史的车轮底下。玛雅的这些姓氏通常是猛兽、昆虫、鸟类、植物的名称，比如美洲虎、蛇、虱子、烟草、可可豆之类。

此外，玛雅人也会有绰号。他们往往根据某个人的个人特点而获得，就像中国人看到一个人体型稍胖，就会叫他"小胖子"一样。

玛雅人不同的名字标志着他们在不同的阶段担负着不同的社会责任。玛雅人每次名字的变更对他们的人生来说都是一次重大的转折，标志着他们新生活的开始。所以，玛雅人每次名字的变更，绝不是他们故弄玄虚，而是他们积极向上、对于美好新生活的期待和向往。这就是玛雅人的一种精神，一种勇往直前的精神。

儿童教育

一位玛雅文化研究专家曾说："儿童的培养，更多地是靠他们自己那套复杂的精心策划的社会实践的愿望，而不是靠苛刻死板的规矩。"专家这样说，也许是看到了玛雅人在教育孩子方面的成功之处。

玛雅人教育孩子并不像中国人那样遵循"棍棒底下出孝子"的古训，他们不太擅长体罚孩子，但是不表示他们会放任自己的孩子，他们有自己的一套教育孩子的方法。

在教育孩子时，玛雅人对待男孩女孩是有区别的。

当一个男孩长到四五岁时，父母就要在他头顶部的头发上系挂一个白色小珠。这似乎看起来没有什么特别之处，甚至还有点像在哄孩子玩。其实不然，千万不要小看这小小的挂珠，这可是玛雅父母教育他们孩子的法宝。当孩子安安静静的时候，这个小珠子就会乖乖的垂在小孩的脑袋上。可是当孩子的头乱动时，它就会在孩子头上晃来荡去，时不时地敲打着孩子的脑袋。尤其是当孩子非同寻常地闹腾时，那么他们的小脑袋可就糟了殃，原本轻柔的"敲打"就会变得十分剧烈。

这可能是玛雅父母对男孩子的一种特殊的训诫，虽然这种训诫很是轻柔，但是传递的信息却非同一般。这个小白珠能够限制顽童纵性纵情地闹腾，极为巧妙地让男孩们在意这个头顶上朝夕不离的小玩意儿，从而对他们心理上造成一种对内心冲动和不平静进行克制的倾向。这可真是教育孩子的一种好办法，令人钦佩玛雅人的聪明。

玛雅人对于教育女孩也有一套方法，他们对于女孩的教育主要是从小培养她们的贞操观念。当女孩长到四五岁的时候，父母会在她们腰间扎上一根绳子，上边垂挂着象征其贞操的一枚红色贝壳。这其中隐含的意味，自然就不言自明了。

不管是男孩还是女孩，在象征他们成年的青春仪式到来之前，他们是不能摘下他们的小白珠和贝壳的。尤其是女孩子，如果在青春仪式到来之前把贝壳摘下来的话，她的父母会觉得蒙受了奇耻大辱。

玛雅的父母在被孩子气极了的情况下，偶尔也会象征性地体罚一下孩子，这个狠角色通常是由父亲扮演，不过父亲也经常是雷声大雨点小，吓唬的成分居多。

三、没有爱情的婚姻

玛雅人的婚姻并不像他们的文明那样神奇浪漫。之所以说玛雅人的婚姻不浪漫，是因为玛雅人的婚姻和中国古代的传统婚姻一样看重父母之命、媒妁之言，再就是玛雅人婚后生活平平淡淡，既没有西方人拥抱接吻那样外露的情感表达，也没有中国古人你送我一首诗我送你一首词那样的浪漫，玛雅男女之间的爱情是以男女双方尽力履行各自在家庭中的职责来体现的。

玛雅人除了富豪以外，基本上实行一夫一妻制。玛雅人离婚也较频繁，而且妇女在这种事上也有一定的主动权，她可以让不承担劳动义务的男性离开家庭。玛雅人再婚与离婚一样，几乎没有什么仪式：二人同居便认为是结了婚。已婚的女人与人通奸要受到严厉的惩罚，然而，已婚男人在这一方面所受到的限制相对来说较少，只要与他通奸的对象是未婚的女人就不会有太多麻烦，他只要把这个未婚女孩纳为妾室就可以了。

玛雅男女的婚姻通常在他们童年的时候就由双方父母谈妥了，只等到了适当的年龄便举行正式的礼典。玛雅人的婚姻必须符合某种基本的社会原则：新郎和新娘是不能同姓的。这就非常明确地排除了婚姻双方来自同一宗族的可能性。然而，他们更倾向于同一城镇同一阶级的人结婚。所以，玛雅男孩的父亲在为自己儿子找媳妇的时候，首先要求不能同姓，而且最好是同一城镇的或者同村的，还要门当户对。另外妻之姊妹、兄弟寡妻、孀居后母等也在禁止之列，从这一点来看玛雅人的婚姻是比较文明的。

有了人选之后，就要请媒人前去说媒，这是一个很重要的环节。在玛雅人看来，谈论婚嫁若无媒人中介，是件可耻的事。这显然不利于两情相知、男欢女悦。

玛雅婚姻中最不浪漫之处就是：婚前女婿要在未来的丈人家当6到7年的"长工"，白白地为女家劳动，以"赚"回老婆的"赎身费"。这还不算，假如岳父不满意，可将女婿赶走，到头来落得一场空。假如女婿不能圆满地服完7年"苦役"，被赶了出来，不仅眼看到手的"工钱"（老婆）另许他人，而且本人也成了"丑闻"的主角。

除了7年劳役折算工价之外，玛雅小伙子结婚时还要付出不少代价。聘礼是免不掉的，男方要为新娘子准备从礼服到各种装饰品的全套嫁妆，男方当然也要负担自家新郎的费用。这种做法通行于玛雅社会各个等级，只有量的多寡，没有质的差别，贫富贵贱都体现了嫁娶双方的既定财产补偿关系。大概玛雅人认为娶了人家的女儿原本就是赢家，如果再不象征性地作出补偿就有些说不过去了。

当新郎完成他在丈人家"苦役"的任务，而且聘礼也给充足的时候，他就可以迎娶他的新娘了。

玛雅人的婚礼仪式通常是在新娘的父母家举行，举行婚礼的时间，肯定是要选个良辰吉日的。在举行婚礼的那一天，亲朋好友都会前来祝贺。首先是祭司宣读祷告词，宣布双方已经达成协议，愿意结为夫妻；然后祭司在屋内洒下圣水以祝愿新婚夫妇百年好合；之后，人们分宾主落座，婚宴开始。

在整个仪式结束后，新郎才可以领着他的新娘回家。

四、面对死亡

生死是自然法则，每个人总是要死的，然而如何对待生死却是个哲学问题。在20世纪末，西方发达国家开始兴起"死亡教育"，这并不是几位教育哲学家标新立异，非要让学龄稚童把停尸房当作课堂，这只不过是人类对死亡问题永恒关切的一个新事例罢了。

和其他人类一样，玛雅人对于死亡也给予了同等程度的关注。只是玛雅人面对死亡时要稍微坦然一些，因为他们相信神的力量，相信轮回，所以他们把死亡看作他们人生的避风港，可以再度扬帆启航。或者说，他们并不以为死亡是一个人的终点，他们认为死亡是人生的中转站，是走完这段旅程再换乘另一趟班车的过程。

尽管这样，玛雅人也免不了要在死亡来临时大做文章。他们要为自己的人生中转过程作许多准备。

普通玛雅平民死亡后，他的亲属会在他的嘴里塞满玉米渣，这样做是为了让他在死亡这个漫长的中转过程中不至于挨饿；除此以外，还会在死者的嘴里塞一颗形状跟豆子差不多的碧玉，这象征生命和气息。这两件事做完了之后，他们会将死者用裹尸布裹起来，埋葬在位于房屋地面之下或者建筑物外围的家庭院落里。与尸体一同埋葬的还有一些小雕像，目的是为了保佑死者能够平安地到达天堂。另外死者的亲属也会放一些农具、纺锤之类的陪葬品，这可能预示着死者的亲属提醒死者在中转过程中也不要忘了劳动。

在一些偏远的玛雅村庄，当地人还会为死者举行一个洗罪的仪式。这里所说的"洗罪"，就是把死者的尸体放在长条状的容器中，用热的玉米汤清洗。洗完以后，亲戚朋友共同把热汤喝光，这就意味着死者生前的罪恶都被清洗掉了，并由亲戚朋友承担了。这样，上界的神祇就不会再怪罪死者，死者的灵魂就可以顺利地进入天堂了。

如果死者是玛雅上层人物，那么他死后会有更精心的安排。通常是先把尸体火化，然后将骨灰放在瓮中入葬，在入葬的同时，会有一些精美的彩绘盘或者饮品，贝壳或者碧玉饰品之类的陪葬品。这些人的埋葬地不再是家庭的庭院里，他们或者被葬在集体墓区，或者是被埋葬在庙宇里。

如果死者是玛雅的祭司或者玛雅王的话，那么他们的安葬仪式就更为讲究了。考古学家发现，在前古典时期晚期的许多墓葬中，死者都被卷成一种屈膝姿势，制成一种呈坐姿的木乃伊。他们会把这种呈坐姿的木乃伊放置在一条长凳上，就如国王仍然端坐在王座上进行统治一样。再后来，玛雅人对于埋葬国王的方式做了一些改变。他们会把国王的尸骸用裹尸布包裹起来经过防腐处理制成木乃伊，把它舒展地摆放在一具雕刻精美的石棺里。有的还用碧玉制成的面具盖住死者的脸。统治者的陪葬

玛雅人对死者的安葬

品是极为丰富的，有碧玉、外来的贝壳、黑曜石、小神像以及最为精美的彩陶等。而他们会被埋葬在非同一般的庙宇或者金字塔里。

玛雅人对死者的安葬大费周章自有其道理。在没有现代文明的灯火，没有现代社会的喧闹，也没有现代科学给人以自信的相对安全感的茂密丛林中，那些生活在中美洲热带丛林里的玛雅先民们，要面对长夜的黑暗，更深地感受孤独和无助，他们没有别的办法，只能更多地仰赖宗教迷信的观念和行为来抵御黑暗和死亡带来的恐惧。

从现实生活到死亡世界的距离，也许玛雅人是离得最近的：丛林中有凶猛无敌的美洲豹，玛雅人敬畏它们，奉若神灵；周期性的地力衰竭以致绝产或突如其来而又频频光顾的蝗灾，都会造就一批可怜的饿殍；那些高耸的巨石建筑工程，可能每块成吨的石料上都有血肉之躯的性命成本；更不用说高高的祭坛顶上时常上演着血腥的人牲献祭……战争、疾病、衰老、难产、意外，在玛雅人的人生旅程中几乎是步步都设置着死亡的关卡，稍不留心他们就再也没有机会前行。

五、两性之间

要了解一个社会的家庭生活秩序，首先要了解其内部两性之间的关系，它最有助于使人获得真切的感受。在男女关系上，一个社会会把它开化、文明的程度准确反映出来；同时，社会的经济生活、人际关系、道德伦理各方面也都会具体地呈现出来。

在玛雅人的家庭生活中，男性居于绝对的优势地位，男尊女卑无可争辩。妇女被禁止参加宗教仪式，不得进入玛雅庙宇。而且，玛雅妇女不许在街上正视男子，相遇时必须侧肩而过……这就是一个社会体系中主宰与臣服的体现。

在玛雅人的家庭中，无论处在什么辈份，性别早已决定了他们的等级地位。他们社会地位的不同，从每天的就餐顺序就可以看出来。

在玛雅人的餐桌上，一家人其乐融融地坐在一起吃饭的场景几乎是没有的，他们划分了严格的秩序。总是男子先于女子就餐，男人吃饭时，女人在一边伺候。而且，他们这种严格的吃饭顺序，并不只是同辈之间丈夫先妻子，哥哥先于妹妹这么简单。在就餐的时候，不仅丈夫要先于妻子就餐，而且儿子也会排在母亲的前面就餐，姐姐排在弟弟后边就餐也就顺理成章了。

并且在玛雅人的家庭生活中，家中的男性成员心安理得地接受女性的服侍。丈夫外出从事农业或狩猎，女人在家里不仅要洗衣做饭，还要饲养家畜纺织等。最重要的是她们要在丈夫收工回来之前为丈夫准备好洗澡水，澡盆边还要放好干净的衣服。如果丈夫回来没有看到准备好的洗澡水，这时候他完全有理由暴打妻子一通，而妻子也不能有任何怨言。

对于这种男女地位不同的意识，他们从小就受到家庭的熏陶和培养。玛雅人很少体罚孩子，但是一旦要对孩子进行体罚的话，母亲不参与其中，一般是由父亲来执行的。父亲的惩罚，大概有助于孩子们"切身"体验男性在社会、家庭中的权威，这对一个男尊女卑的社会结构无疑是十分必要的。

等到玛雅的孩子举行了成年仪式后，这种两性不平等的关系更是表露无疑。玛雅的孩子成年以后要举行成年见证仪式，这种仪式通常由祭司来完成，成年仪式举行后就意味着青年人要面对自己的婚姻了。举行成年仪式后的女子通常要待在家中，而且在家中任何一个男性面前都要表现得谨小慎微，遇到男人的时候，要退避三舍让男人先过，另外她们还必须保持贞洁。而举行成年仪式后的男性则没有贞操的限制，他们可以经常出入风月场所。

六、玛雅人的社会秩序

每个社会都有维持社会等级差别、控制社会内部混流、冲突的机制。

印度有个种姓制度，依据姓氏将人分为四种：首陀罗、婆罗门、吠舍和刹帝利。首陀罗是奴隶，他们存在的唯一目的就是服务于其他三个种姓；婆罗门据说出生于原人（即有灵魂的人）的头部，地位最高，具有神的力量，他们在社会中行使祭司的职能，授讲经文，主持祭祀；刹帝利出生于原人的肩部，拥有皇权，同时也是战争的主力；吠舍出生于原人的腿部，从事具体生产，然后以税贡形式寻求神的护佑、首领的保护。各个种姓集团大小不等，一般都在万人左右。但他们并不分别聚居，而是分散于各地，渗透在社会中各司其职。

玛雅人没有种姓制度，但是为了保障位高者的凌驾地位，杜绝位低者的僭越，他们将人口也大致分为了四个群体：贵族、祭司、平民和奴隶。

并且为了维护这种社会的分层，他们还对各个群体的血统、职责、俗规做了明确的规定。

这些群体的内聚性较强。在玛雅的城邦中有完善的交通道路、公共建筑等设施，但大部分玛雅平民却居住在城郊的村落里。城里一般只有祭司、贵族等不直接参与农业生产的人居住，他们的饮食依靠各村镇的进贡。

高贵的贵族

玛雅人的贵族包括王和村镇首领，以及更低级的头目。古代玛雅城邦的玛雅王也称为"真人"。"真人"集政权、军权、教权于一身。在他统辖的区域内，遍布各种规模的城镇和村落。"真人"上台执政期间，主要的政务之一就是亲自任命自己属下的各村镇首领。

整个选拔、任命过程严格遵守传统的程式，但表面上却带有类似公开招聘的开明形式。所有的候选人都"平等"地经受一种奇特的廷试。他们被问及一些模糊的问题，内容很琐碎，不知底细的人往往被问得不明所以。只有得到关于这种问答知识秘传的人才能对答如流，丝毫不差。这种秘传的对答内容犹如某种黑话或切口。光知道其中几句暗号还不行，只有全部答对才表示得了"真人"的真传，确定是自己人。

村镇首领管理村镇事务。他们虽然是由"真人"指定的，但基本上都来自一个世袭的贵族群体。他们被认为是天生的领袖。他们在"真人"面前受过询问、接收象征权柄的凭证之后，就返回各自村镇行使司法权和行政权。在战争期间，村镇首领是本村本镇战斗力的组织者。作为指挥员，他们还要服从于军事首领。和平时期，他们负责监督本地区百姓的农事活动，并且逐年向"真人"进贡财物。

次一级的特权阶层是镇中的长老，一般两到三位。他们是村镇首领的顾问，参与决定地方政策。他们又是镇中次一级行政单位的头领。有的镇中的长老相当于帮办，协助村镇首领工作，是村镇首领的助手和传递口谕者。有的镇中的长老的职责较多，既是首领与村民的桥梁，又是外交事务方面的顾问。他们还是公共议事厅的负责人、村镇中的首席歌唱家和舞蹈家，总管地区上所有的歌舞和道具。

最低的一级"政府公务人员"，负责维持治安，相当于现代的警员。

除此以外，玛雅人还有战时的首领。一类是原来的行政首领在战时行使军事指挥权。另一类不是世袭的，一般被选出担任，为期三年。在这三年内，这些人不能近女色，连他的妻子也不能与他见面。人们怀着极大的尊敬将他隔离起来，尽可能使他较少与外界接触。他被供奉吃鱼和一种大蜥蜴，但不能接触牛、羊肉。三年任期结束时，被选任的行政首领和村镇首领共同商议战事，制订出战略计划。人们会像对待偶像一样对他焚香进拜。具体的战术执行则全权交给村镇首领。所以，这些临时选出的行政首领只能算是偶尔跳上龙门的鲤鱼。而且，跳上龙门的三年内也只是个精神安慰性质的空架子罢了。

与神亲密接触的祭司

古代玛雅人的祭司的总称是Ahkin，按字面意义讲就是太阳之子。作为一个群体，它是最有权力、最有影响的。他们关于天体的知识，他们预言日蚀月蚀及其他星际会合周期的能力，他们的种种预言，渗入玛雅人生活的每个阶段。这使他们受到全体玛雅人的敬畏和尊崇。

玛雅的祭司阶层和贵族有着千丝万缕的关系。祭司也可娶妻生子，而且子承父业。此外，贵族阶层中经常有人涌入祭司阶层。玛雅人规定，贵族长子继承父位，幼子则可以选择成为祭司。所以，祭司们在向王室成员授业时经常会在其幼子中挑选接班人，如果发现具有成为祭司禀赋的孩子，就开始培养他当祭司。

因为玛雅人觉得祭司能跟神交谈，所以祭司的地位虽并不比领主高，但他们在玛雅社会中的影响力绝不亚于贵族。贵族阶层的各级首领对祭司都表现出极大的尊敬，定期向他们进贡。

祭司掌握着玛雅文明的钥匙，指导农事生产，预卜政事吉凶。"真人"经常会向他们求教，祭司则尽可能地用他们的知识找出最佳答案。玛雅城区中的建筑，除了一些宫殿外，大部分是在祭司的掌握之中。祭司这一特权阶层完全游离于生产活动之外，却直接参与社会命脉的掌握。

祭司这个阶层里还有另外一些角色，是一些能讲神谕的先知。这可能和讲《圣经》的教父的角色差不多，他们在民众中享有极高的威望。

可怜的农民

据科学家估计，在玛雅社会里90%的人口都不是玛雅上等阶层的人，他们都是玛雅的平民阶层，都居住在城郊的村落里。

这些数量众多的平民基本上都是农业生产者。他们用血汗养活自己，也供养着他们的最高首领"真人"、地方首领、村镇首领以及祭司阶层。他们是那些宏伟的仪式中心、高耸入云的金字塔神庙、大型柱廊、宫殿、高台等的真正建造者。是他们采集、雕刻了大量巨石，构建了这些建筑；是他们用石斧砍下无数大树，作为柴火将石灰石烧制成灰浆所需的石灰；是他们将砍下的硬木加工成雕梁画栋。他们是泥瓦匠、石匠，也是搬运工、建筑工。

除此以外，这些平民还必须向"真人"进贡，给村长、镇长献礼，还要通过祭司向神进献。这些税负加在一起，数量是相当可观的。其种类包括他们能够生产、制造、猎取、搜集到的一切。他们住在郊外，人数众多，但却为城里少数的贵族和祭司承担了几乎所有的劳作。

最悲惨的奴隶

在古代玛雅人的阶层中，奴隶处在社会最低层。

传教士兰达认为，奴隶制是玛雅后古典时期形成的一种制度。但许多学者根据石碑、壁画等资料，认为不排除从古典时期就有奴隶的可能。至少，战俘充作人祭以外常常沦为奴隶。

从资料来看，奴隶来源有五种：天生奴隶、窃贼沦为奴隶、战俘、孤儿、被人贩子贩卖来的人。

虽然天生为奴者数量不多，但也确实存在。不过，法律规定可以为奴隶赎身。玛雅的法律规定，偷盗者要为被偷者终身做奴隶，或者一直等到有能力偿还所偷财物为止。战争中被俘的敌方贵族，立即被推去做人祭牺牲，其他战俘则沦为俘获他们的武士的奴隶。孤儿是经常用于做人祭的，所以有时玛雅贵族会专门向人贩子购买，甚至强行绑架。在战争、人祭、苦役、买卖人口被视为正常的文化中，在人们可以有很多理由草菅人命或滥用人力的情况下，奴隶们的命运可想而知。

七、玛雅人的经济生活

在玛雅人生活的地区，自然资源的分布是极不均衡的。

在整个低地地区，石灰石无疑在建筑上有很大用处，这种质地的石料易于切割开采，也易于雕刻装饰；在许多地区，含有可以制成砍削工具的石矿床；而高地则出产更为上等的黑曜石，几乎全由玻璃质组成，一般为黑色、褐色，有明显的玻璃光泽和贝壳状断口，可作工艺品、装饰品。

不仅矿产如此，其他资源分布也不均衡。热带丛林出产的物品，主要包括取自各种树木的树脂（用于烧香敬神）、硬木和漂亮的鸟类羽毛，还有用作药材和香料的各种植物。

由于资源分布的不均匀，不同地域间的物资交换便是十分重要的事情。高地地区会需要低地地区的石灰石，低地地区也会需要高地地区的黑曜石。要是没有联结其各部分的货物交换网络，玛雅地区就不会作为一个整体而存在了。

所以，在玛雅这样的多城邦的地区，贸易活动是不可或缺的，通过贸易他们不仅可以互通有无，就连他们的风俗习惯、生活习性、宗教文化等也在贸易中得到了统一和发展，整个玛雅地区才形成一个玛雅文明的整体。

在玛雅人交易的产品里，丰富多样的海产品是玛雅仪式活动中不可缺少的。像贝壳、珊瑚、珍珠、黄貂鱼脊骨这些都作为商品，出现在玛雅人交易的市场上。当然，这份简单的货品清单不是玛雅人交易的全部，各地的农业特产和手工制品，如可可豆、蜂蜜、陶器、织物、玉雕、武器等，都会成为玛雅人货担上的货物。

玛雅社会里不仅出现了专门的商人阶层，甚至在宗教观念上也有像北极星这样的商人保护神。在玛雅，商人的社会地位并不像古代中国的商人地位那么低下，他们的商人有一部分是玛雅的权贵人物，当然也有一部分是玛雅社会的普通社会成员。

这些商人利用奴隶搬运着货物，穿行在各个城市之间兜售他们的货物，在各个重要城市之间，都有碎石道路相通，这就为商人出行贸易创造了便利的交通条件。并且商人有特制的商路图，以便于他们在各个城市之间穿行。而住在沿海的居民，他们的运输工具更为简便，他们会就近在热带雨林里伐一棵百年古树制成木舟来从事贸易。这种木舟不仅容量大，而且可以为商人们省掉一笔买奴隶的资金。

在玛雅也有固定的交易场所，那里还有货栈以供来往商旅吃住，不过这种交易场所主要集中在玛雅城市的中心。在玛雅平民居住的村庄一般还是靠前两种交易方式。尽管这样，也没有影响到玛雅人经济生活的发展。到了玛雅文明的后古典期，商业贸易已成为其社会生活的重要组成部分。

在玛雅人的经济生活里，最有趣的是他们的货币。他们的货币不是金子或银子，也不是人类早期使用的货币——贝壳，而是可可豆。比如说，一只兔子值10粒可可豆，一个奴隶约值100粒可可豆。

这就引出了一个疑问：如果真的用这种可年年收获的可可豆作"货币"，那么会不会引起"通货膨胀"呢？玛雅社会是如何阻止"私印伪钞"的？而且一般关于玛雅商贸的资料都不涉及这个问题。

有一些考古学家认为，也许可可豆并不是真正意义上的货币，玛雅人的可可豆本身并不是一个可以与现代国家银行黄金储备相提并论的东西。可可豆很可能只是一个便于计数的交换单位。可可豆在交换时只是起到一个帮助换算的作用。

所以这些考古学家认为，可可豆显然不可能像"天然是货币"的黄金那样，成为跨越时空的一般等价物。事实正是如此，贝壳、布帛、铜铃、小斧等也偶作交换单位。可见玛雅社会内部各城市、各部族的贸易本质上是易物贸易，长途跋涉不是要赚回"外汇"，而是要换回本部族本地区所需要的紧缺物资。所以，他们并不需要严格规定货币本位。

贸易就这样把玛雅地区联成了网络，构成一个经济上、文化上都相互依存的关系，这就是玛雅人的共生圈。

八、玛雅人奇特的审美观

奇特的外貌审美观

千百年来，玛雅人一直保持着他们奇特的审美观，以现代人的眼光来看是无法理解的。

扁平向后倾斜的额头，跟罗马人相似的鼻子，一双对视的眼睛，打孔佩戴装饰品的耳朵、鼻子和嘴唇，用锉刀锉成一定形状的牙齿……这种令人难以接受的五官构成了玛雅人心中的美貌，这就是他们对自己外貌是否美丽的评价标准。为了达到这种标准，他们不惜忍受着与现代整容术一样的痛苦。

古代玛雅人把扁平的额头作为美丽的标志。为了达到这种畸形的美，玛雅的孩子出生后不久，他们的父母便在他们的头部夹上一对木板——一块放在他们的脑后，另一块抵住他们的前额。

这两块木板要在孩子的头部夹多年,要等到孩子的骨骼不再发育以后,他们的父母才把把这两块塑造美丽的木板撤下来。等到撤掉木板的时候,孩子的前额基本上就已经定形了,从而使这孩子获得了终身的美丽。玛雅人的这一习俗,跟中国古代女人裹脚有异曲同工之处,都是为了达到他们眼中的美丽而不惜残忍地伤害自己的身体。

玛雅人塑造扁平形状额头的风俗,甚至比现代的美容还要盛行。考古学家发现,在玛雅的各种绘画作品中,玛雅人的头部都是扁平的。

而且考古学家还发现这种习俗不仅仅在上层社会盛行,玛雅各阶层的人都追求这种扁平的额头。考古学家的这一发现,缘于对玛雅人头骨的一次分析。在这次头骨分析中,考古学家对94个在不同玛雅遗址中发现的头骨进行了分析和研究,他们发现这94个头骨中有90%的头骨都被压成了扁平状。

玛雅人的这种审美保持的时间非常久,直到近代西班牙人入侵玛雅地区时,很多玛雅人还都是这种扁平的额头。

除了扁平的额头以外,玛雅人还需要一双对视的眼睛来装饰他们的脸面。这种对视的眼睛在现代人的眼中是眼疾,在玛雅人的眼中却是"美眸"。

为了让自己的孩子能够拥有一双这样的"美眸",玛雅父母真是煞费苦心。为了使孩子变成对视眼,通常情况下,玛雅父母都会在孩子的头上挂一个松脂球。这个松脂球会自然地垂落在孩子的两眼之间,小孩子的好奇心都很强,他们会不时地去看这个在他们两眼间不断晃动的小球,久而久之孩子的对眼就形成了。

除了额头和眼睛特殊的美丽以外,玛雅人还会在他们的耳朵、鼻翼和嘴唇上穿孔，来佩戴他们精心打磨的各种装饰品。这些装饰品用各种材质制成，有金属、玉石、贝壳、骨头，还有木头。这种习俗，现代人还多少能够理解和接受，毕竟世界上大部分国家和地区，女性仍然保持着戴耳环的习俗；印度、巴基斯坦等国，妇女还有在鼻子和嘴唇上穿洞的习俗。

追求美丽本是无可厚非的，可是为了美而伤害自己的身体，是众多现代人不能理解的。尽管现代人也会为了美丽去做拉皮、抽脂肪、做隆胸什么的，可这些人毕竟还是少数，多数人还是不能接受的。

可是玛雅人却让这种几乎和"自虐"画等号的塑造"美丽"的方式在他们的文明里盛行了千百年。玛雅人为什么会崇尚这种畸形美呢？不得而知。

皮肤上的修饰

在炎热的中美洲，生活在那里的印第安人大部分的皮肤都是裸露在外的。玛雅人也是如此，他们身上穿的衣服也很少，为了改变大部分裸露的皮肤带来的颜色单调，他们会在棕黄的皮肤上做一些修饰。

玛雅人喜欢在身体上进行彩绘。

在玛雅文明遗址中发现的古典期的壁画和陶器上，大都描绘有全身都被涂上红色和黑色颜料的玛雅武士，他们的身体被涂成红色斑纹，他们的面部也被涂上颜色各异的颜料。考古学家分析，玛雅男子认为这样做除了美观，还会使他们显得更加威武。

考古学家还发现，玛雅男子在身上涂抹颜色并不是胡乱涂抹的，他们的身份不同，涂抹的颜色也就不同，根据一个人身上所涂的颜色可以区分一个人的社会地位。如祭司用高贵的蓝色，在玛雅人看来，蓝色是一种神圣的颜色，它是和宗教联系在一起的，所以每当玛雅人要举行盛大的宗教仪式时，总会把要跟神密切交谈的祭司的全身涂抹上高贵的蓝色。一般青年用黑色，在没有结婚前，玛雅的男子喜欢用黑色来武装自己，这可能是因为他们认为这样能吸引女孩子。武士则用红色来装饰。

玛雅的男子喜欢在身上彩绘，玛雅妇女也喜欢把红色颜料涂抹在脸部和身体其他部位。她们这样做没有男子那么多深意，纯粹是为了美观。

玛雅人不仅在身体上绘画，而且还会在身体上刺青，也就是文身。实际上，在身体上绘画和在身体上刺青有着紧密的联系。绘画通常是文身的第一步，玛雅人在文身之前都要画上美丽图案，然后根据图案进行刺青。伴随着鲜血的流出和颜料的渗入，刺青图案就长久地刻画在玛雅人的身体上了。

接受刺青的人必须忍受极大的痛苦，因此一次只能进行一小部分，事后他们还要忍受痛苦的折磨，因为刺破的皮肤会溃烂。等到溃烂处愈合之后，图案才能最终成形。尽管刺青要付出惨痛的代价，玛雅人还是乐此不疲，尤其是男子，他们觉得刺青不仅仅是一种美丽的装饰，而且还代表了勇敢和威

玛雅人奇特的审美观

猛，这是一个男子坚强的标志。

玛雅的妇女也会在自己的身上刺青，她们的图案甚至比男子身体上的图案还要精美。不过女性刺青的目的则纯粹是为了美观，所以她们通常会刺一些优雅的图案，通过这些优雅的图案来显示女子的阴柔之美。

简约的服饰

也许玛雅人觉得身体上的装饰通过在皮肤上绘画和刺青来得更直接吧，所以他们注重用绘画或者刺青装饰皮肤，并不注重衣服上的装饰，玛雅人的服装都是相当简约朴素的。

古代玛雅艺术品里描绘的贵族服饰比较多，而对于普通玛雅人服饰的介绍资料并不多见，但是通过现代玛雅人后裔仍可以看出玛雅人服饰的特点。

玛雅妇女的衣服非常简单。她们喜欢身穿一种四方形的直筒的连衣裙。这种裙子使用的是棉布材料，十分宽大，看上去有点儿像两端开口的麻布口袋。裙子的本色为白色，只要在腰间用带子束起来，就可以显示出一种十分流畅和飘逸的美感。它可以很好地衬托出玛雅妇女的身材，恰到好处地把属于女人身上特有的曲线展现出来。裙子的上下开口处，玛雅妇女会以十字形的刺绣来精心装饰。

玛雅妇女在出门的时候头上会披上一条棉布大方巾，这条方巾可以裹住头部和颈部，同时也遮挡了她们的胸部。如果不戴上这条方巾，她们是不会出门的。这是一种性别禁忌的表现，通过这些可以看出，虽然玛雅人地处炎热地区，火热的气候并没有培养出他们开放的思想，他们的保守程度几乎可以和古代中国人画等号。

相对于玛雅女子来说，玛雅男子穿得就更简单一些。玛雅男子的衣服通常只需要用一块棉布遮住下体就可以了。这块布大约有10厘米宽，很长。男人们用布裹住下体，然后缠在腰间并绕上几圈。布的一头搭在腹部的前端，让端头自然垂下，到达膝盖，另外一端则对应在身后的同一位置。布的两端挂着鸟的羽毛作为装饰。当然这只限于在家里，如果出门的话，他们还要增添些装束。

玛雅男子出门的时候，会披着一大块方形的棉布。这块棉布随穿戴者的身份地位而有所不同，有些身份的贵族会或多或少地对这块棉布进行一番装饰。

玛雅人不喜欢戴帽子，但是他们会在头上戴一些美丽的鸟儿羽毛来装饰自己，有时也会用一些动物的皮毛来武装自己。

大多数玛雅人是赤脚走路的。不过，一些贵族为了显示自己的身份会穿一种草鞋。这种草鞋是用鹿皮或麻绳编织而成的，再精美一些的草鞋会用美洲豹皮和其他饰品进行装饰。草鞋上有两根绳子可以系在脚上，一根穿过大脚趾和第二根脚趾之间，另外一根穿过第三根和第四根脚趾之间。

根据身份的不同，玛雅人的服饰会有不同的装饰图案。在古代玛雅的绘画作品中，统治者、贵族和祭司们的装饰较为华丽，衣服上有较多的装饰性图案；玛雅武士的衣服上图案最为丰富多彩，而且色彩艳丽；下层民众的衣服则简单朴实，只装饰着简单的纹样。

虽然玛雅人的服饰也有颜色绚丽的，但总的来说玛雅人的服饰还是比较简单的，而他们对身体的修饰则远远超过了对衣服的修饰。

发式与胡须

长发在玛雅地区是尤为盛行的，在古代玛雅社会里，不管是男性还是女性都有一头美丽的长发。

要考察玛雅人的发式，并不是一件容易的事。虽然有许多保存下来的艺术品可以作为考察玛雅人发式的参考，但由于这些艺术作品描述的大多都是在举行重大仪式，在这种场面下，不管男女，穿戴都是特别凝重，男人总是戴着头饰，女人总是围着头巾，要想确切地了解古代玛雅人的发式并不容易。

不过，通过一些描绘战争场景的艺术作品可以看到，男性俘虏被去掉了头饰，头发垂下来直到肩膀或背部，有的则在脑后系成长长的辫子。这些艺术作品在描述玛雅地区战争的同时，也透露了玛雅人的发型信息。

在玛雅地区，通常玛雅男人都将两侧的头发剪短，在脑后留上一段薄薄的长发，并用羽毛扎成辫子。在一些壁画中，玛雅男子额头上方的头发被刮掉了，可能是为了凸显扁平的前额。如果没有羽毛作装饰的话，玛雅人的这种发型可能会跟中国清代男性的发式有点儿像。而有的画像中，玛雅人的头发被精心修饰，鬓角被剃成阶梯状。在一些地区，男子会在头顶处烧灼出一小块不能生发的空白处，然后把头发编成长长的

玛雅人的长发胡须

辫子，盘绕在头顶上，就像一顶王冠。

与中国古代的女子一样，玛雅女子比男子更爱护自己的长发。因为它不仅会给她们增添几分妩媚，而且她们的发式还能体现出她们的社会地位和年龄阶段。所以她们会把自己的头发分成两束再分成若干绺编成各种各样的发式，并与装饰物编结在一起。

在中国古代，胡须被看成是智慧与美的象征。比如关公就很爱惜他的胡须，他长达腹部的胡子，给人留下深刻的印象。在西方，俄国人和德国人的大胡子也给人以深刻印象。

胡须在中西方都受到过推崇，但是它好像并没有引起玛雅人的重视。根据西班牙殖民者的记载，在西班牙殖民时期，玛雅人会想方设法地除掉他们面部的毛发。成年男子会用像镊子之类的器具拔掉脸上的胡须，而小男孩脸上黄红色的绒毛则需要他的母亲帮他除去，玛雅母亲通常是用一块热布揉搓儿子的面部来帮儿子除掉脸部柔软的胡须。而且，在玛雅的绘画作品中，男性并不少见，可是被描绘成有胡须的却不多，只有为数不多的统治者被描绘为有胡须的形象。

据推测，玛雅人之所以不喜欢面部留胡须应该是跟他们所处的环境有关系。中美洲地处热带雨林地区，一年四季潮湿炎热，他们不留长胡须，可能是为了降温吧。

从头到脚的饰品

玛雅人特别会用身外之物来装扮自己，他们的饰品相当丰富，他们会在身体的各个部位佩戴自己精心准备的丰富饰品。

首先，玛雅人会在头上佩戴各种装饰品。他们会把鸟类艳丽的羽毛插到自己头上，也会把羽毛直接编进自己的辫子里。除了佩戴鸟类的羽毛以外，他们还会在头上插各种各样的头饰，这种头饰大多是用柳条或者木头雕刻编制而成，这些材料被制作成很多形状，比如美洲豹的头部、蛇的样子、鸟的造型，或者玛雅神灵的样子。

其次，玛雅人还会用各种各样的饰品来装饰他们的五官。玛雅人会在耳朵、鼻子、嘴唇穿孔，以佩戴他们磨制的各种环状饰物。

在玛雅，男人和女人基本上都佩戴同样的饰物，只是女人不带唇环或者鼻环，而这两样饰物在男人中间却是非常的盛行。

在玛雅古典文明的晚期，鼻环成为了上流社会男性特殊地位和高贵身份的标志。对于平民来说，他们鼻子、耳朵、嘴唇上的饰品，则大多是用骨头、木头、贝壳和石头制成的；而对于贵族来说，他们的这些饰品则是用碧玉、蛇纹岩和黑曜石等磨制而成。

再次，他们脖子上、手腕上和脚踝上的饰品也是必不可少的。

有趣的是，地位高贵的男性所佩戴的饰品通常比女性还多：多串珠子做成的项链或者单串珠子做成的带垂饰的项链都会被佩戴在玛雅男人的脖子上。

项链、手链、脚链等是玛雅人传统的饰品。对于平民来说，这些饰品是用羽毛、贝壳、美洲豹的牙齿和爪子、鳄鱼的牙齿等材料制成的。

而所有王室成员一般都会佩戴较重的首饰，沉重的首饰会在某种程度上限制他们的活动，也许玛雅贵族觉得缓慢地行动会更显示出他们的高贵。

在玛雅文明的古典时期，他们会佩戴一些用碧玉和蛇纹岩磨制成的项链、手镯或脚环。到了玛雅文明的后古典时期的开始阶段，玛雅地区的碧玉矿渐渐地枯竭了，他们就佩戴由绿松石或者蛇纹岩和贝壳穿在一起的饰物。此时，黄金已经传入了奇琴伊察，那些贵族成员偶尔会佩戴些黄金首饰。到了玛雅文明后古典时期的晚期，用黄金、铜和铜金合金的金属制成的手镯越来越流行。但是玛雅人对金属的利用很少，他们的工具一般是石制工具，所以他们的金属饰品也是非常有限的。

　　除了上边提到的饰品以外，玛雅人还会在衣服上镶嵌一些饰品，比如在披肩和腰带上，镶嵌玉石或者动物的牙齿。

走近玛雅——玛雅人的文化

一、玛雅人的有字天书

谜一样的玛雅象形文字

第一眼看到玛雅文字，会让人觉得无比惊讶，这哪里是什么简单的文字？简直是一幅幅袖珍的艺术作品！惊讶之后的人们，不得不从客观的角度来看待这些"艺术作品"，这的的确确是玛雅人精确而又复杂的书写方式。

这些精美的象形文字被玛雅人雕刻在石碑上、门楣上、梯级的竖板上、还被绘制在古抄本、陶器和陵墓墙壁上。

从发现玛雅文明到21世纪初期，大概有800个玛雅象形文字被科学家成功解读，随着科技的发展，对玛雅文明感兴趣的人逐渐增多，还会有更多玛雅象形文字被破解，对已经解读的象形文字也许还会有更新的认识。

但是，对一种文字的解读绝非一朝一夕之事，现代人所解读的玛雅文字只是九牛一毛。不过值得庆幸的是，随着科技发展所进行的文字破解工作进展也非常迅速，成绩斐然。

即使是这样，人们也不可能完全理解古玛雅人留下来的所有文字。

世界文字的发展阶段

从全球文字发展史来看，无论是哪一种文字，都要经历三个发展阶段。

第一阶段：图画或象征的文字。简单地说，这种文字就是用画面来表达意思。因为作画者是人，在通常情况下作为主体的人被省略掉。例如，想要表示一个人用矛刺中了一头鹿，在作图的时候完全可以只画一头鹿被一支矛射中。这种图画就被称作象形文字。

第二阶段：表意文字。表意文字就是表示文字本身所代表的含义，由图形符号构成，图形符号往往通过结构成分和结构关系来表达简单或复杂的意义。图形符号的意义并不能"直接看出来"，例如：休——就是表示一个人靠在树桩歇着，就是休息；明——从文字结构来看，"日"表示太阳，"月"就是月亮，两个字在一起，自然亮了，所以就是"明"。这是中国的表意文字。在玛雅文字中，"麻烦"的表意文字通常表示为一个妇女站在大门口，重复两次。

第三阶段：表音文字。表音文字的符号字母这时已不再用图画来表示了，而仅仅是用声音来表示。表音文字可以进一步分为：音节文字，一个字母代表一个音节；字母文字，一个字母仅仅代表一个发音。前者的典型代表是埃及象形文字，后者的典型代表是现代字母表。

玛雅文字的解读史

现存的玛雅象形文字大多都刻在玛雅文明遗迹中的石碑

和庙宇、墓室的墙壁上，也有的雕在玉器和贝壳上，还有的用类似中国式毛笔的毛发笔书写在陶器、榕树内皮和鞣制过的鹿皮上。这些文字的总量非常多，单在科潘遗址一座金字塔的台阶上，就有2500多个，这就是世界巨型铭刻的杰作之一——"象形文字梯道"，它8米宽，共90级的石头台阶上布满了古怪而精美的象形文字。

这些古怪而又精美的象形文字，早在16世纪就开始有人注意了。最早见到玛雅象形文字的人是来自欧洲的西班牙士兵和传教士。他们于16世纪进入玛雅地区以传播他们的宗教。

在当时，能够读懂这些象形文字的玛雅人并不多。为了彻底铲除异教信仰，西班牙传教士们在狭隘宗教观念的驱使下对玛雅文字进行了大规模的销毁，他们烧毁了很多部玛雅手稿。万幸的是，有3部玛雅象形文字书因被作为美洲人送给西班牙国王的珍宝，被保留了下来。

西班牙传教士迭戈·德·兰达——一个集宗教狂热分子与好奇学者特征于一身的传奇人物，既是玛雅文化的破坏者，又是它最初的研究者。出于对异教崇拜的仇恨，他焚毁了无数珍贵的玛雅手抄本，同时又出于学者的本能，他详尽记录了玛雅与托尔特克人的许多神话传说，以及玛雅文字中代表日、月的文字和数学符号。他留下的手稿对于研究玛雅文字有着至关重要的作用，可是这么重要的历史资料却在欧洲图书馆沉默了三百多年。

直到1863年，法国教士查尔斯·埃梯恩·布拉瑟尔·德·布雷伯恩重新发现了兰达的手稿《尤卡坦风物志》。兰达的手稿里关于玛雅文字的信息立即引起了一些学者的注意，这些学者对玛雅人的文字有着极为浓厚的兴趣。

布拉瑟尔本人也对解读玛雅文字作出了重大贡献：首先是对玛雅数字的正确解释；其次是对表天数含义的确定；再次是对"白天"符号以及代表360天符号"tun"的识别；此外，他还识别出了人称代词"u"，认为它的含义就是"他、她及它"。

与布拉瑟尔同时期有一位名叫利昂·德·罗斯尼的学者出版了《巴黎古抄本》一书。与此同时，这位学者也把精确解读玛雅文字的事业推向了世界。

到了20世纪中叶，随着南美洲考古工作的展开，研究人员逐渐为玛雅人塑造出一个雏型：一个集数学家、天文学家和祭师为一体，并带有哲理性的民族，他们对计算时间的流逝和观察星相特别感兴趣。许多考古学家相信，那些正处于破译过程之中的玛雅雕刻文字肯定与历法、天文和宗教息息相关。

苏联学者尤里·克诺罗索夫于20世纪50年代采用了一种全新的方式来研究玛雅文字，并引发了玛雅碑文研究领域的一场革命。克诺罗索夫认为玛雅文字和古埃及、中国文字一样，是象形文字和声音的联合体，即每一个玛雅雕刻文字既代表一个整体概念，又有各自独特的发音。

克诺罗索夫猜测，西班牙传教士兰达在记载玛雅文字的相关资料时，给兰达提供资料的玛雅人实际上是用辅音和元音的组合来代表西班牙字母的。例如：当兰达发出"b"这个字母的音时，他的玛雅合作伙伴写下的可能是代表"bi"音节的符号。后来其他学者也证实，玛雅人的文字非常独特，经常表意和表音结合在一起。

在克诺罗索夫突破性研究的启发下，碑文研究工作者不遗余力地开始给雕刻文字寻找配对的音标。

另一位苏联学者塔约娜·普罗斯科拉亚科夫在1960年有

了另一个突破。在研究玛雅文字期间，她意识到许多文字中都含有固定的时间段，相隔大约56年到64年，大致是一代人的寿命。于是她做出结论，玛雅文字里写的不是宗教，而是历史；记录下来的是皇族人员的诞生、统治、死亡及其战争。这人们第一次从另一个角度去理解玛雅文字，古玛雅历史突然间变得有了特定意义。

自克诺罗索夫和普罗斯科拉亚科夫所取得的突破以来，科学家们已经解读了众多的玛雅文字，从而对玛雅文化和社会有了新的认识。

2005年4月，考古学家在危地马拉北部丛林中发现了一座早期玛雅金字塔。经过几个月的考古发掘，他们在这座金字塔里发现了10个玛雅文字，经过鉴定，他们认为这座金字塔里边的文字是当时发现的最古老的玛雅文字。

此次被考古学家发现的10个玛雅文字，是由早期的玛雅人用石头雕刻而成的。一开始，考古学家认为这些文字可能是玛雅金字塔内壁画下的题字，但当他们将这些被发掘出的古迹用放射性碳元素测定年代法进行详细分析后却惊奇地发现：这10个象形文字的雕刻时间在公元前3世纪到2世纪间，距今大约2300年，而金字塔内壁画却是在公元前100年雕刻的，这意

珍贵的玛雅古抄本

味着这10个象形文字在壁画完成前的100多年就已经被雕刻在金字塔内。

一位参与这座危地马拉玛雅金字塔发掘工作的考古学家介绍说，由于年代久远且这10个象形文字和壁画都被雕刻在泥灰板上，因此考古学家无法清楚地破解这些文字的意思，他猜测其中一个文字可能是"统治者"的意思；此外，一幅壁画描绘的可能是一双拿着画笔或某种尖锐工具的人手。

虽然考古学家不能完全破译出上述文字的全部意思，也不能解释出为什么这些文字会比金字塔内的壁画出现的年代还早大约100年，但有一点是明确的，那就是玛雅人开始使用象形文字的年代被考古学家向前推进了几个世纪。

玛雅人生活中的象形文字

在已被破解的玛雅象形文字里，出现频率最高的一个生活用语就是"出生、诞生"。对于整个人类来说，迎接新生命到来时的那份欣喜是相通的，正因为如此，玛雅统治者对后代的出生也是异常重视。在发现的象形文字里有很多都表达了出生的含义，这个词在玛雅文字里存在多种不同的写作方式。

这些不同的写作方式虽然读法不同，却都传达出相同、相近的意思。例如：颠倒的青蛙图形，它可以读作sih，其含义是"出生、诞生"。动词的后缀如hi和ya附加到象形文字上以表示动词的过去时态，因此，例如sih含义为"出生、诞生"，而加后缀的含义则为"出生了、诞生了"。表达一个人诞生的另一种方法是宣布"他已经到来"，和上述表达方法一样，后者的含义是"他到了"。还有一种表达一个人出生的方法是使用一个玛雅成语，这个成语大概可以翻译成"触摸大地",和中国汉语中的"呱呱坠地"一词有异曲同工之妙。

在玛雅公共的象形文字碑铭中出现频率稍低于"出生"的词语是"继位"。对玛雅统治者来说,继承王权是仅次于出生的第二等大事。同样,这一行为也有很多不同的表达方式。玛雅象形文字ch'am的含义是"接受"或者"展开"的意思。它通常被玛雅人画成一只张开的手,表示准备接受上一代统治者递交的象征王权的权杖。表达继位的行为还有一种方式是使用象形文字chum,其含义为"坐下",或者是"chumwan ti ahawlel",意为"他作为主人坐下"。除了以上两种表达方式以外,还有第三种方式是读作hok'ah,它的含义是"系住了"或者"他出来了"这种表达方式看起来不如前两种容易理解,但是稍微了解一下玛雅统治者继位时的习俗就知道,玛雅的统治者在继位时需要用一根束发带绕过前额系住头发。所以,用"他系住了"来表达继位。

很多学者曾经认为玛雅人是热爱和平的民族,他们对战争毫无兴趣,但是玛雅的象形文字却否认了这一点。在古代玛雅战事频繁,所以玛雅统治者需要用字符记载他们在统治过程中的重大战事。玛雅文字中表示战争的象形文字是代表土地的符号上方有一个代表星星的符号。因此,许多专家推测玛雅人的战争很可能是在夜晚进行的。遗憾的是,玛雅文化的专家们不知道这个词的读音,但是,在玛雅遗留下的文学作品里,常出现这个词。

玛雅人除了看重出生之外还看重死亡,他们把死亡看成是人生的避风港,所以当统治者的生命走到尽头时,他们的后代会把这一重大事件记录下来,因为看重,所以表达方式也有多种:有一个象形文字读作kimi,它的含义就是"死亡";此外,还有其他具有隐喻性的表达方式,例如och bih',它的意思是"踏上道路",顾名思义是指踏上人生的第二条道路。

除了上面的介绍之外,玛雅象形文字的碑铭里还有许多日常生活中的词语,如:ak'ot的含义是"跳舞";hom的含义是"完成";ch'am的含义是"献祭"。

"外星人的语言"

玛雅人的文字在中美洲的热带丛林中静躺了上千年,曾被猜测是"外星人的语言"。

玛雅人是美洲唯一留下文字记录的民族。公元1世纪,玛雅人已有了象形文字,它与埃及、中国的象形文字非常相似。

5世纪中叶,玛雅文字普及到整个玛雅地区。当时的商业贸易路线已经确立,玛雅文字就是循着这些路线传播到各地。如果说文字的发明和使用是文明的真正标尺的话,那么玛雅人就是美洲大陆上最文明、最富智慧的民族了。

人人都知道玛雅人使用象形文字,但实际上,象形文字一词只是从埃及那儿借用来的说法。象形文字一词,初见于公元前1世纪希腊人迪欧多勒斯·希库罗斯的著作。按希腊语拆解开来,指"神圣的雕刻"。如此看来,"神圣的雕刻"的说法倒是出奇地符合玛雅象形文字的情形。

玛雅象形文字都是"神职人员"专门主持刻写的,其高深莫测非普通玛雅人能了解,更不要说是外部观察者了。19世纪一位年轻的美国外交官,醉心于神秘的玛雅文化,但他的最大障碍是不可逾越的文字关,他无法知道这些神秘精致的图画符号讲述着怎样神奇的往事。他在现今洪都拉斯境内靠近古玛雅城市中心科潘遗址的地方停下脚步,以高价买下一块地,作长期研究的打算。但他对玄奥晦涩的玛雅象形文字实在感到

"超出智力所及"。他说:"我无法假充解人。当我凝望着它们之时,想象力常常痛苦不堪!"

诚如其言,直到今天,文字学家们还是无法对这些文字全部识读。已知的800多个玛雅象形字中,只有三分之一仰仗当年西班牙随军主教兰达的记述而被了解,其余三分之二数百年来都未能"起死回生"。现代学者或驰骋想象,或钩玄考据,或者举起"战无不胜的科学"法宝,乞灵于大型计算机每秒上百万次的运算分析,依然无功而返。间或有性急自信的人跑出来宣称破译了谜底,但也都查无实据、不了了之。

谜一样的玛雅象形文字,你究竟像什么?

这些象形文字似乎像是从天下掉下来、从石头缝里蹦出来的一样,只能让现代人看到它从头至尾一成不变的成熟完美,而不像其他古老民族的文字那样有一个从简到繁逐渐发展变化的轨迹。比如汉字在成熟的方块字形态之前,经历了许多不成熟、不确定甚至简陋的形态,如甲骨文、金文以及半坡陶器上的刻纹。

有学者指出:"玛雅文字在被我们发现时已经非常成熟,因而可以推想,它必然有过一段我们尚无从知晓的进化过程。"

然而按文字学的理论看,玛雅文字又仅仅停留在一个简陋初级的阶段。如前所述,就世界范围说,文字都经历了三个不同发展阶段,玛雅显然应被归入第一阶段,但实际上它的形式完美性远远超过了像半记音字母化的古埃及那样的象形文字。对于玛雅文字发展阶段的划分又是让人们无从下手的事情。

玛雅人的文字以它精美的形状展现在世人面前,可是又以它的晦涩难懂困扰着现在的学者,难怪有人称它是"外星人的语言"。

珍贵的玛雅古抄本

西班牙入侵者在侵略玛雅的尤卡坦地区时,从尤卡坦居民的手里劫掠的珍宝中有一部分是可折叠的书籍,这里就有玛雅古抄本。这些书籍在不久之后被运回了欧洲,当它们刚一踏上欧洲的土地,就受到了广泛的关注。

西班牙宫廷史料编纂者、印度委员会秘书彼得·马特在他的一部著作中描述了这些古抄本。他叙述说这些书籍是用一种树的树皮制成,这种树被现代人称为无花果树。这些树皮被玛雅人压成很薄的长片状,然后再经过石灰洗搓后形成光滑的白色表面,然后折叠就可以在上面绘画书写了。

玛雅人特有的这种古籍抄本由于玛雅地区的潮湿环境不利于保存而毁坏了一部分。还有一些书籍在西班牙人入侵玛雅时,被西班牙传教士兰达烧毁。只有4本为世人所知,包括《德累斯顿古抄本》、《巴黎古抄本》、《马德里古抄本》和《格罗利尔古抄本》。在这4本古抄本里,其中前三部在西班牙人侵略尤卡坦地区时从玛雅人手中掠夺后,被运回欧洲收藏在欧洲图书馆,而后一本是到20世纪才被带离墨西哥,于1971年在纽约展出。

《德累斯顿古抄本》是以系列历书的形式编写的,玛雅人可以运用这些历书为他们的各种宗教仪式选择时间。在这些历书里,保存了很多有关月神与疾病、月亮与行星的天文周期、卡吞语言以及新年庆典的信息。在这部古籍抄本里,包含了许多玛雅人的天文知识,例如关于火、木、土、水几大行星的同向运转,还有他们运转周期的表格等;对金星运行周期的测算;还有一些对月食的预测信息。这部古抄本里颜色丰富,文字主要是用红色和黑色,书中一些关于人物、神祇和物品的插图则是使用蓝色、黄色、黑色和红色绘制。

有人认为《巴黎古抄本》是一部玛雅祭司们的手册。它的前半部分记述了一系列的时间以及相应的庆典和宗教仪式。在古抄本里也有一些是关于精神力量的安排，玛雅人认为这些体现在上界和下界两个地方。在这部古抄本里还包含了黄道十二宫图里的12个符号，它们代表了天空中的星座。在这些动物的牙齿中间或着鼻子上边绘有表示太阳的象形文字符号。

而《马德里古抄本》跟《德累斯顿古抄本》差不多，它也包含一系列的年历，这些年历是建立在玛雅人的260天宗教祭祀历的基础上的。

《格罗利尔古抄本》记载的内容是关于行星的运行轨道的天文学表。

保存下来的这些古抄本，对于曾经存在过的玛雅书籍来说，只是九牛一毛而已，可是却为现代人了解玛雅文明掀开了关键的一角。

玛雅人的文学作品

由于玛雅文字在破解上存在着较大的难度，所以现代人对于玛雅文学了解甚少。庆幸的是，西班牙人在毁坏玛雅文明的同时，也促进了玛雅文明的传播。他们为了达到知己知彼的目的，在传教前先搜集、整理和翻译了一些玛雅书籍，这样才使一些玛雅文学作品得以流传下来，为世人所知。

《波波尔·乌赫》就是其中的一本，这本书大约成书于16世纪，发现于18世纪，是一位名叫弗朗西斯科·希梅内斯的西班牙传教士在危地马拉发现的，流传于世的是后来的学者根据希梅内斯的抄录翻译来的。

这本书讲述的是关于玛雅创世的故事。它分为三个部分。前两个部分主要是讲神话，其中包括玛雅的神创世的故事以及玛雅基切人的发展历史。基切人是玛雅人的一支。他们的祖先原先居住在墨西哥中部高原，后来随着其他部落的大迁徙，逐渐向东南方迁移，最后到达危地马拉中部地区。

《波波尔·乌赫》是基切人的《圣经》，是统治者读的书。"波波尔·乌赫"是基切语，翻译成汉语是"咨询之书"。据说玛雅基切人的统治者在和下属召开会议的时候，一边讨论，手里还拿着这本流传下来的古书，以备向它咨询一些无法解释或者无法敲定的事情。

《波波尔·乌赫》最有意思的部分是第一部分，这一部分讲述了玛雅人对人类起源的认识。它叙述了造物主如何用木头雕刻成貌似人形的木头人，这些木头人跟真人一样能说话能走路，还能生儿育女，这听起来跟中国女娲造人的传说颇为相似。这些木头人虽然能像正常人那样活动，但是他们无灵魂无头脑，虽然他们能说话，但是面部表情呆滞。这就是玛雅人笔下的第一批人，后来造物主又用木头雕刻了男人的肌肉，用灯芯造了女人的肌肉，世界上才有了男女之别。

这本书最具有文学艺术价值的是第二部分，它主要描写了双胞胎兄弟智斗冥王的故事。这个故事不仅反映了玛雅被剥削者与剥削者之间的斗争，也反映了玛雅人的道德观念：得道多助，失道寡助；多行不义必自毙。

在玛雅的文学作品中，《契兰·巴兰书》也是玛雅文学史上的一部重要作品，它写于墨西哥的尤卡坦半岛，是用尤卡坦半岛的玛雅文字创作的，由于当时玛雅文化受到西班牙文化的冲击，这种语言带有西班牙语言的特征。这本书是一部编年史，主要记载了玛雅的一些相关历史、宗教信仰、庆典和风俗习惯以及寓言等方面的信息。关于玛雅寓言的文学主要反映在这本书里。"契兰·巴兰"直译就是"先知·美洲虎"的意思,意译为"先知传神谕",讲解各种神秘的知识。

戏剧也是玛雅人生活中的重要文化习俗。在西班牙人未征服玛雅人之前,生活在危地马拉的玛雅人经常会跳自己的宗教性舞蹈,每天日落时广场上都会有戏剧演出。演出的剧目多是舞蹈剧《拉比纳尔的武士》,这是美洲唯一一部保存完整的舞蹈剧本。它到19世纪才被文字记载,装订成书。这个戏剧在演出的时候通常带有精彩的演说,演出时还配有音乐。

玛雅的文学作品,除了前边提到的几本书以外,还有一些诗歌作品。这些诗歌作品内容丰富,许多都是以描写玛雅人的日常生活为主,极富生活情趣。例如——

每当我抬起脚,

每当我举起手,

我摇着尾巴。

听到远处传来你的声音,

几乎已入睡。

我寻找一棵倒下的大树,

将睡在这棵倒下的大树上。

我的皮肤、我的脚、我的手、我的耳朵都被划破了。

这首诗虽然没有运用什么华丽的语言,把玛雅人的生活描写得极富情趣。

》 不可思议的 玛雅…

链接：古书里的故事

双胞胎英雄的传说

玛雅人的创世记载《波波尔·乌赫》一书的开篇这样描述："这里记载的是天地间的万物皆无声息、广袤的天空下杳无人烟时发生的故事。"

这本书中有两对双胞胎兄弟，这两对兄弟都是一等一的球手。第一对双胞胎兄弟叫作胡恩·胡纳赫普和沃库伯·胡纳赫普，是第二对双胞胎兄弟的父辈。这对兄弟被"西巴巴"（即"恐怖之地"）的两位地府之神召到地府中。两位地府之神对孪生兄弟的高超球技垂涎已久，他们对孪生兄弟进行了残酷的蹂躏，希望这对孪生兄弟能够将球技传授给他们。

这对孪生兄弟在受尽折磨后被地府之神处死，胡恩·胡纳赫普被斩首，他的头颅被残忍的地府之神挂在了一棵光秃秃的葫芦树上，不久，树上长出了一个葫芦。

一位妇女刚好路过这里，当她看到葫芦树上的葫芦便想采摘，"不许采摘这个葫芦。"两位地府之神呵斥道。可这位勇敢的妇女并没有被地府之神的呵斥吓住，她毅然去采摘了这个葫芦。当她采摘的时候，胡恩·胡纳赫普的头颅流出几滴唾液滴到了她的手心里，她便怀孕了。

离开了地府以后，这位勇敢的妇女就前往双胞胎母亲的家里住了下来，在那里她生出了一对孪生兄弟——胡纳赫普和希巴兰克。

胡纳赫普和希巴兰克像他们的父亲和叔叔一样，也被召到"西巴巴"参加球赛，但他们要比他们的父亲和叔叔聪明，他们逃脱了地府之神设计的陷阱和圈套，打败了对手。

但是胜利并没有使他们逃出魔掌，相反他们的胜利激怒了"西巴巴人"。经过一系列令人胆战心惊的冒险经历后，他们借助魔法装死。"西巴巴人"看到他们的尸体以为他们真的死了，就把他们的头颅割下来碾成了碎

走近玛雅——玛雅人的文化

沫，投入了河中。这些骨头的碎沫越来越重，渐渐沉到了河底，后又变成了两位英雄少年。

胡纳赫普和希巴兰克两兄弟上岸后，经过一番仔细的乔装打扮后又回到了"西巴巴"。他们到"西巴巴"后给"西巴巴人"表演各种戏法，也包括让他们逃生的死而复活的魔法。两位地府之神被他们的戏法迷住了，要求亲自尝试一下。两兄弟见同意了，但是他们只把魔法进行了一半，让两位地府之神死了而没有复生。

在战胜了地府之神后，双胞胎兄弟的美名被人们竞相传颂。

二、人神之间

无所不在的神灵

在古代玛雅人的观念中，任何事物都是有神性的。神性在玛雅人思维里是个抽象的概念，它既可以是自然界中无生命的事物所展现出来的神性，也可以是玛雅家族国家的谱系建立者和神化祖先所体现出来的神性，甚至还可以是超自然力量或神灵自身所蕴含的神性。

玛雅人与其他早期的人类一样崇拜自然神。玛雅是一个多神崇拜的民族，玛雅人崇拜的神灵比神灵泛滥的古埃及还多得多，玛雅人的意识里几乎每一个事物都有它自己的神灵。

一位17世纪的西班牙传教士曾写道："他们的公共偶像就像鳞次栉比的街道房屋一样多。"当然，在这庞大的神族里，最有力量、最常被人祈求的神灵并不太多，也就十来个神祇。玛雅人主要的神有创世神、死神、玉米神、羽蛇神、北极星神、黑战神、战争暴死人祭神、雨神、自杀女神等。

在玛雅神的世界里，没有任何一位神灵被尊奉为整个玛雅地区的最高神，但创世神在尤卡坦的殖民记载中显得格外突出。这位古老的创世神被人们称为伊扎姆纳，翻译成中文是"卑贱人的房子"。

据玛雅古抄本描述，这个创世神似乎是位上了年纪的男性，没有牙齿，脸色古铜，长着引人注目的罗马式的鼻子，间或有胡须。另外，他的眉宇间还经常画有一个珠子形状的圆盘，上面有刻着他的名字的象形文字。圆盘上有的时候还刻有"阿科巴"符号，是"黑暗、漆黑"的意思。

在玛雅建筑浮雕上，或者单刻伊扎姆纳的头像，或者专刻他所代表的那个日期的符号。他是Ahaw这一天的保护神，这一天是20天周期的最重要的一天。他是昼夜的主宰。

玛雅人认为伊扎姆纳是玛雅文字的发明者，也是尤卡坦各地命名并划分区域的最高祭司，这听起来颇像中国神话中"禹平水土，主名山川"（《尚书·吕刑》）或"芒芒禹迹，画为九州"（《左传·襄公四年》）中那个或巫或王的大禹。

伊扎姆纳还是历法和编年方法的制定者。另外，由于他常常对付灾荒病害，故也就以药神的面目出现。总之，他对待人类是非常友善的，如慈爱的父亲，玛雅人需要他在天上照看自己。

恰克是一位后来居上的保护神，他是玛雅人的雨神。他的形象很特别，在古典时期，恰克被人们描绘得具有许多动物的特征，例如鲶鱼的鳃须，猪嘴，或者身上长着鱼的鳞片。另外，他的耳朵上还装饰着海菊蛤的贝壳，这强调了这位神

玛雅的英雄库库尔坎

与水的关系。到后古典主义文明时期，恰克被玛雅人描绘成另一番模样：长着尖长鼻子，弯曲的长獠牙一前一后伸出来，头饰是打结的箍带。他的名符是一只眼睛，边上一正一反的空心"T"形，代表眼泪，代表雨水、丰饶，代表Ik这一天，他是该日的保护神。

玛雅人认为恰克住在岩洞里，而岩洞则是一个酝酿云、雨和雷电的潮湿的地方。在许多玛雅的雕刻中，恰克被人们刻画成一位手握一束闪电、一把石斧和一条蛇的神灵。据相关资料记载，玛雅人认为恰克能够控制雷和闪电，当他把岩石劈开时，那些滋养人类的玉米便能从石头中生长出来。

风神，是玛雅的文化英雄库库尔坎，他是在中美洲文明中被普遍信奉的神。也有人称之为太阳神。他一般被描绘成长有羽毛的蛇的形象。有点像中国人发明的牛头鹿角、蛇身鱼鳞、虎爪长须，能腾云驾雾的龙。他与雨神一同出现，为雨神扫清道路。这个神庇护玛雅历的Muluc日。传说，羽蛇神主宰着辰星，羽蛇神还代表着死亡和重生，也是祭司们的保护神。

羽蛇神在玛雅文化中非常重要，这可以从许多方面观察到。古典时期，玛雅王手持权杖，权杖一端为精致小形、中间为小人的一条腿化作蛇身，另一端为一蛇头。到了后古典时期，出现了多种变形，成为上部羽扇形、中间蛇身、下部蛇头的羽蛇神形象。

羽蛇神与雨季同来，而雨季又与玛雅人种玉米的时间相重合，因而羽蛇神又成为玛雅农人最为崇敬的神。

玉米神吁姆·卡虚也相当重要，他的重要性在众神创造了人类时得以体现。据传说，在玛雅神话中诸神用玉米和鲜血混合而成的面团创造了人类。玉米神的形象年轻清秀，通常用玉米作头饰。他有不少敌人，这大概也是玉米生产时常遭遇自然灾害的实际情况在观念中的反映。这位谷神头饰有不少变体，他出现的场合也千变万化，和雨神在一起时象征着受到庇佑，而与死神同在时则说明斗争很激烈。

死神阿·普切的形象比较可怕：骷髅头，无肉的肋骨，多刺的脊柱。有时死神还血肉模糊，身体浮肿，腹部血迹斑斑，受伤严重，皮肤布满象征腐烂的黑斑，假如他穿上衣服，则有黑圈圈来代表腐烂。他的头上颈上系着金质小铃铛，不知是何用意。死神戴着一个具有治病功能的坚硬的圆领，这个圆领是用一串串"死亡之眼"做成的，这些"死亡之眼"实际上只是一些突出眼球的环状物。这个坚硬的圆领既可以戴在脖子上，也可以戴在手腕上或脚踝处。

他的保护日是Cimi，他是第九层地狱的主宰，一个十足的坏神。他总和战神、人牲的符号一同出现，或者与猫头鹰等被认为是罪恶的凶兆为伴。他在病人房前徘徊，为的是猎获可怜的人。

北极星神夏曼·艾克的鼻子形状扁平，他的头像颇似猴头。他被视为商旅的指南（实际是指北）。这无疑是一位好神，玛雅历的Chuen日归他保护。

黑战神艾克·曲瓦是黑色形象，他的下唇肥大下垂，嘴外圈总是红棕色，他的名符是黑圈的眼睛，黑色自然是代表战争。他的性格具有两重性：作为恶神，他手持利矛，在洪水灾难和残酷战斗、杀俘活动中出现；作为好神，他像个背着货物游走各地的商旅，大约古代玛雅贸易是武装贩运。他保护着可可的种植。

战争、暴死、人祭的神，总是与死神有关。他的眼眶边有黑线，一直伸到脸颊。他的保护日是Manik，他的标志是握紧的手，代表抓获了战俘或献祭的人牲。在那些临祭场面中，他与死神一同出现。作为战争之神，他一手执火炬烧房子，一手用剑拆房子。他是战争、暴死、人祭三位一体的神祇。

还有一位水灾、纺织、怀孕、月亮女神，她叫伊希切尔。伊希切尔这个名字含有玛雅语中的"彩虹"一词，不同于喜爱彩虹的中国人和西方人，玛雅人惧怕彩虹，将彩虹描绘成"肠胃空虚者"。她被玛雅人画得充满敌意，头上有一条扭曲盘绕的毒蛇；她的裙衩上有交叉骨头的恐怖图案；她的手和脚又像凶猛动物的利爪，所以她又被称作"虎爪老妪"。

伊希切尔是一个怒气冲冲的老太婆，她的小瓶子里盛满洪水，她一发怒，就对人类进行惩罚，向大地倾倒她小瓶子里的洪水。但她也有善意的一面，作为创世神伊扎姆纳的配偶，是阳性神伊扎姆纳的阴性对应神，她掌管女性主宰的一切事物，包括怀孕、生育等等。

伊希切尔在玛雅神世界的角色相当于希腊神世界的天后赫拉。在《德累斯顿古抄本》中有幅这样的图画：创世神伊扎姆纳化身成了一条巨大的蜥蜴，他张开血盆大口，口中狂吐着巨大的洪水，洪水淹没了他身下的世界；他的妻子伊希切尔在他的旁边打开她的小瓶子，倾倒她瓶中的洪水。这个场景真的可以用"夫唱妇随"这个词来形容。

自杀女神可以说是玛雅人特有的一个神,在其他神世界是不存在这样的神的。世人很少像玛雅人那样把自杀想像得那么美丽。玛雅人深信,自杀的人会得到这一女神的庇护,她会把这些自杀的人带到玛雅人自己的天堂。他们想象的天堂是美妙无比的,世间的一切美好事物,全都集聚在天堂里。

玛雅人常常提到的自杀女神伊希塔布,性别特征极为鲜明,胸乳被描绘得有些夸张。她的双眼紧闭,意味着死亡;脸颊上的黑点,代表着腐烂。

神秘的玛雅文明给人最直观的印象就在于其无所不在的神灵。在这个神灵充斥、略显拥挤的世界里,玛雅人却创造了光辉灿烂的玛雅文明,这真是件奇特的事。

 链接:古书里的神话

羽蛇神的传说

羽蛇神是玛雅人日常生活及宗教生活中很重要的一个神,所以关于羽蛇神的神话有很多,其中一个传说是这样的。

有一对老夫妇,他们只有一个女儿,他们视这个女儿为"掌上明珠"。这对老夫妇怕重活会累坏了女儿,所以从来舍不得让她干重活,只给她分配一些放牧之类的活儿。时间一天天地过去,渐渐地他们的女儿出落成了一个水灵灵的大姑娘。

有一天她正在山上放牧,一个英俊的小伙子出现在她面前并向她求婚,姑娘第一眼看见这个小伙子就被他的魅力吸引了,便答应了小伙子的请求。

从那以后，他们就天天在山坡上约会。不久，姑娘怀了孕。姑娘怕父母知道后责备就要求跟小伙子成婚。小伙子就跟姑娘说：我是一个蛇神，我那里禁忌很多，所以我们成婚必须到你家。可是成婚后我也不能随便见你的父母，必须藏在你们家磨盘底下的洞里。姑娘立即答应了蛇神的要求。

自从蛇神藏在姑娘家磨盘底下以后，姑娘也搬到了磨房里，开始了他们的夫妻生活。

随着时间推移，姑娘的怀孕症状一天比一天明显。很快她的父母发觉了，就追问她孩子的父亲是谁。可姑娘抵死不说，这对老夫妇就去求助巫师。

巫师利用巫术知道了姑娘的情人是蛇神，并知道了蛇神的藏身之所。他不但把这些告诉了老夫妇，还把杀死蛇神的方法也告诉了老夫妇。

一天，老夫妇以买药为名把姑娘支了出去，他们就开始照巫师交给他们的方法对付蛇神。他们先对着古柯叶子祷告，然后找到蛇神，并把它剁成了几段。

姑娘回来后见她的情人已经死了，顿时放声大哭，她的哭声传遍了整个村庄。在哭声中她产下了自己跟蛇神的孩子——一窝带着美丽羽毛的小蛇。产下这窝小蛇后姑娘就死了，小蛇挥动着自己的羽毛围着姑娘的尸体转了几圈，飞走了。这几条小蛇就是后来的羽蛇神。

人神之间的交流

有一位哲人说过：人因为有所求，才产生了神；人因为有所惧，才抬高了神。

玛雅人的宗教信仰也遵循同样的规律。他们为了实现自己各种各样世俗的愿望，通过与神的"交流"来祈求神帮他们得到他们想要的一切。玛雅人跟神最普遍的交流方式就是祭祀。

玛雅人的献祭行为是为了讨好神灵，从而从神灵那里得到庇护或者自己想要的东西。在这种仪式中，充满了"等价交换"的色彩。

他们在祭祀神灵时的祭品很多，包括食物、烟草、果子、蜂蜜、鱼肉、羽毛、兽皮、贝雕、玉器、挂饰等，有时也献上活的动物，甚至活人血祭。

至于在祭祀时选择哪种祭品，往往跟他们愿望的大小和要求愿望实现的紧迫程度有直接关系。若是一般为了治病疗患、解决麻烦、打猎有获之类的事情，玛雅人拿出一点食物、饰品也就可以了。若是为了请求众神给予很大的帮助，如洪水、瘟疫、蝗灾（频繁发生）、饥荒等，再拿一些食品之类的东西来祭神的话就显然失衡了，这时他们就会献出自己的鲜血。尤其是向雨神祈雨，更是非人牲献祭不可。

玛雅人为了维持人神之间的这种"等价交换"的关系，无论个人还是整个部落都发展了一套适合需要的仪式。通常每个仪式都要经过六个阶段：第一是先行斋戒的节欲，包括对主祭祭司和本人暂时禁忌性生活，这是精神上洁净的象征；第二预先通过祭司占卜来择定吉日，玛雅人的观念中每一日都由特定的神灵专门分管；第三先行驱逐参加仪式礼拜的人当中的邪恶精灵；第四对着崇拜物焚香；第五祈祷，向神灵提出要求，等到开列完"货单"之后，就该轮到"支付货款"了；第六献祭便顺理成章。

人们需求的多样性，也就使得神灵五花八门。玛雅各种级别、各种法力的神灵多如牛毛，几乎每一个事物都有它自己的神灵。虽然玛雅人的神灵众多，可是他们的祭祀仪式基本上都是差不多的，这些仪式多是通过放血、球赛、舞蹈和吞咽幻觉药剂来实现其效果的。

玛雅人的放血祭神仪式

玛雅统治者所举行的祭祀仪式，常常会弄得鲜血淋淋。因为玛雅人把鲜血视为非常珍贵的物质之一。古代玛雅人所举行的自我献祭仪式中，献祭鲜血可以说是无处不在的。

作为一种重要的祭祀方式，放血仪式经常出现在玛雅雕刻、壁画和器皿上，而上面的象形文字文献既能确证这种仪式，又能对其重要性加以说明。

在玛雅文明的古典时期玛雅的上层阶级所进行的放血仪式都与献祭高等战俘和自我献祭有关。他们这种所谓的对神的"敬重"行为是为了履行他们与神签订的古老的协议——神迫使人类用自己的鲜血来滋润他们。这种协议达成有一定的渊源，那就是因为诸神在创世阶段为了创造人类自愿把自己的鲜血滴到玉米上。由于这种协议，玛雅统治者需要向诸神偿还这种维持生命的神圣物质。

玛雅人认为放血仪式有助于他们与众神交流。玛雅统治者放出鲜血后，他们的身体里会分泌出一种激素，叫作安道芬，据说它可以令玛雅统治者的头脑中产生一种非常奇妙的幻影。

据相关的玛雅艺术品和象形文字文献证明，玛雅人相信这种幻影能够跨越宇宙各层间的界限。玛雅上等阶层认为这种行为可以打通他们同神化祖先和其他诸神的交流的渠道。与此同时，统治者还认为他们通过放血祭祀与诸神交流的行为，彰显了他们血统的高贵，更证明自己统治平民的合法性。

由于放血仪式是玛雅人祭祀祖先和诸神的重要仪式，统治者可以通过这种仪式和诸神沟通，所以这种仪式在玛雅人的生活中是非常常见的。据相关文献记载，这种仪式在玛雅王统治的不同时期举行，例如王储的出生、王位的继承，还有玛雅历法中特殊的日子。

玛雅人在举行放血仪式中，有一样东西是必不可少的，那就是放血工具。在放血仪式上他们不仅要准备锋利的工具，还要准备一些穿孔器，例如黄貂鱼脊骨、用骨头雕刻成的锥子、用黑曜石磨制的小刀。

统治者用这些工具来切割阴茎、两腮、耳朵和舌头。这些工具本身也蕴含特殊的威力，例如黄貂鱼脊骨有一定弯度，它是用来完成刺破任务的，一旦黄貂鱼脊骨刺入肉体，一个倒钩就会比那些没有弯钩的普通鱼脊骨形成更大的伤口。

玛雅人用来止血的工具是一个打了3个结的树皮纸条或布条，很多放血者身上都带有这种东西。

在一处墓葬内，一具男尸的骨盆处就有黄貂鱼脊骨，这个工具原来可能在此人生殖器上的小袋里。墓葬内的诸多随葬品也表明死者生前曾参加过放血仪式。

链接：考古发现

雅克齐兰楣梁上的放血仪式

雅克齐兰是玛雅古典文明时期乌苏马辛塔河地区的首府，它修建在乌苏马辛塔河河畔的梯田与丘陵之间。这里有很多雕刻极精美的纪念碑。在这座城市的某个建筑内有3根楣梁（即楣梁24、25、26）对放血仪式的各个阶段都有所描绘。

楣梁24描绘着一位衣着高贵的玛雅妇女，考古学家叫她索克夫人，她正跪在她的丈夫"盾牌美洲虎大帝"面前。她右手拿着一条穿在她舌头上的带刺的绳子，左手拉着绳子的另一端，这端已经穿过了她的舌头。索克夫人面前放着一个"浅碗",里面装着一段绳子和几张树皮纸条。她的嘴上和双颊周围有些由小点组成的线条,表明她脸上的斑斑血迹。通过这些场景和索克夫人的服饰,我们可以知道她正在参加放血仪式。根据楣梁上的铭文我们可以知道这场仪式是在公元709年10月28日举行的。

楣梁25是楣梁24的延续。这根楣梁上的象形文字表明这场放血仪式是为"盾牌美洲虎大帝"的加冕举行的。索克夫人出现在整个场景的右下方。她的左手碗里装着树皮止血纸条、一个黄貂鱼脊骨和一把黑曜石刀。她的右手及手腕上隐隐出现骷髅和蛇的幻影。在楣梁25上,蛇的幻影有两个脑袋。脑袋在上面的蛇嘴里出现一位武士,头上戴着面具。而在下面的脑袋蛇嘴里也显现出一位武士,跟前面一个武士不同的是他所戴的面具还有气球头饰。

而楣梁26是楣梁24、25上描绘的放血仪式的延续。在这一场景里索克夫人正在进行同战争和战俘牺牲有关的自我献祭仪式。

三、玛雅人的艺术才能

美丽的雕塑

精湛的雕刻艺术

1981年根据文化遗产遴选标准基里瓜考古公园及遗址被列入《世界遗产名录》时,世界遗产委员会第5届会议报告是这样写的——

从审美学的角度看,这一遗址的价值在于其精湛的雕刻艺术,堪称中美洲远古时期的极品。遗址内有12个巨幅雕刻和13座纪念碑。这些用砂石而不是用金属器具直接雕刻而成的纪念碑,是玛雅人审美观念和艺术技能的杰出代表。

与其他玛雅遗址不同的是,这些纪念碑与祭坛并无关系。成形于711年、宽度为10.66米的F纪念碑,是玛雅人最大的纪念碑。在这些纪念碑上雕刻着国王,雕像挺直地站着,目视前方,头戴镶嵌羽毛的头盔。

12个巨幅雕刻宽达4米,这些石碑保留了岩石的原始形状,上面刻有双头怪物,怪物的口中出现了玛雅国王。

基里瓜的石刻纪念物上还刻有迄今未被破译的象形文字,推测其内容涉及社会、政治和历史事件,根据这些内容,可大体勾勒出玛雅人的生活、文化和历史。尤其是F和D纪念碑,其形态的高雅和象形文字的清晰,在诸石中显得尤为突出。

玛雅人的艺术

如今,基里瓜考古公园已经对公众开放,为了防止热带气候的无情侵蚀,对碑面加了保护。基里瓜境内的玛雅殖民地位于埃尔—蒙特瓜大山谷底部,每天吸引着来自世界各地的参观者,其精湛的雕刻艺术令人们叹为观止,这无疑是玛雅人最原始和最美妙的艺术世界。

这份报告让世人为玛雅人的惊人创造力而震惊。更令世人在对玛雅文明的好奇更浓之时,把目光更多地投向玛雅的雕塑领域。

玛雅人的雕刻流程

据考古调查,科学家们发现,玛雅人用来雕刻的材料主要是石料、木料、灰泥和黏土等。其中石料是最常见的,这也是由玛雅地区特殊的地理环境决定的,在玛雅地区最常见的就是石灰石。木料、灰泥和黏土虽然不像石料那样普遍，但也常常被玛雅人应用在雕刻中。

玛雅人雕刻的工具主要是石制工具，虽然他们有时也会使用木头锤子，但最基本的工具还是石凿子和石锤，凿子大概有5～6厘米长，一端是切割面，另一端是圆形的。在一些地区，考古学家发现了大量薄片状的燧石凿子，这种凿子在玛雅人的雕刻过程中主要是用来切割石块的。石锤是粗糙的半球形状，直径大概5～8厘米。

玛雅雕刻首先要先打磨，然后再进行油漆，这样才能完成一个作品。在油漆的时候，玛雅人喜欢用深红色来漆他们的雕塑。这种深红色染料可能来自于蚁丘中获得的一种铁的氧化物，而这种蚁丘在玛雅地区是十分普遍的。

蓝色则是第二种经常运用的颜色，这种颜料经过研磨后与树脂混合在一起。这样不仅美观，而且容易涂抹在雕塑上。这种油漆还被玛雅人用来粘接石头，并且在粘接之后形成一个光滑的表面。在玛雅人遗留下来的石碑浮雕作品中，虽然许多地方的颜色都已经褪掉了，但是仍然可以在浮雕的凸凹处看到原先油漆的痕迹。

说到玛雅的石碑浮雕，这在人类的雕刻史上来说简直就是奇迹。说它是奇迹不只因为玛雅人的刀工，最主要是因为它的庞大。玛雅人是如何将那些巨大的石块托运来的？又如何一步步将它们打磨成后人看到的带有浮雕的石碑模样呢？

有位法国艺术家对玛雅人雕刻石碑的基本步骤作出推测：第一步，开采石料；第二步，运输石块；第三步，竖立石柱；第四步，进行雕刻。

第一个步骤开采石料，他们首先在山上选好一块巨大石料，然后用工具一点一点地开采下来。

第二步运输石块，玛雅人运输石块的方式非常特别。佩滕的森林中蕴藏着丰富的硬木，硬木的一部分非常适合做滚轴，而一些富含纤维的植物可用来制作绳子。

第三步，竖立石柱，先制作一个适合石柱较大端的石头凹槽。这时可能是利用坡道或者是利用一种柱子的架构将石柱正直地拉起，石柱刚好立于凹槽内。这些石柱是未经加工从开采地运来的。

第四步，雕刻石头雕像。

逼真的石雕

玛雅石雕主要包括石板浮雕和石碑雕刻。

浮雕主要从属于石板建筑，其目的是为了美化这些建筑，所以玛雅石板浮雕都是非常精美、逼真的。这些雕刻作品既有写实的生活场景，也有设计的图案，而人物往往是具有人体特征的神灵形象。

在玛雅文明的前古典时期和古典时期，玛雅人并不太追求建筑表面的装饰，他们通常用烧熟的石灰来涂白建筑的表面。到了后古典期，装饰建筑的正面墙壁成为一道必不可少的工序，或雕刻，或描画，形式繁多。

玛雅的石板浮雕常出现在建筑和墓室中，大多为浅浮雕，如在帕伦克北部的建筑中的石板浮雕饰板。这些浮雕虽然刻得较浅，却具有很强的立体感，人物形象通常都是正侧面，刻画极为写实，面部和手的细节表现得十分优雅自然。

有的小型石饰板表现得更为生动，人与动物挤在一起，不同的动物交相混杂，甚至还有依偎在一起的形象，刻画得既写实又夸张，极富装饰性。

在建筑装饰中，多数浮雕是石灰泥雕。在帕伦克和许多城市的建筑外墙和房间内部装饰着石灰泥雕，并涂以彩色。这些石灰泥雕与石板浮雕相比更接近高浮雕，人物面部近于圆雕，凸出的鼻子、张开的嘴、突出的牙齿，都与圆雕的处理手法相同。这些浮雕既有对玛雅人生活情态上的生动刻画，又有玛雅人对大自然的深刻理解。

在帕伦克神殿的"铭文神庙"的墙壁上，刻有9位身着盛装的神祇和一位带有奇妙头饰的青年。浮雕形象与太空人非常相似。在神庙内部，往下走72个台阶就会出现一个房间，在这个房间里，有个石刻浮雕令人百思不得其解。这个雕像的穿着与当时的玛雅人非常不同：他的下颚下边是套头羊毛衫之类的圆领衫，贴身的上装在手腕处有反折过来的袖口，腰间系着一条宽皮带，裤子上有网状结构，俨然一幅标准的太空人形象。通过这幅浮雕可以看出当时玛雅人细腻、娴熟的雕刻技术。

玛雅的石雕艺术除了建筑物的石板浮雕以外，还有玛雅纪念碑石雕刻艺术。

玛雅石碑雕刻艺术以蒂卡尔和科潘的石碑雕刻为代表。石碑用整块的巨石雕成，正面往往刻上一个君主或贵族的形象，穿着华丽的服装，戴着庞大的头饰，直立，侧面和后面往往刻满了象形文字，记载历史事件和时间。

蒂卡尔石碑多用浅浮雕在正面刻以贵族或武士的侧面立像，而在科潘石碑中往往表现出对高浮雕的偏好，具有高度写实和身着华丽装饰的人物正面而立，被周围服饰和头饰的繁缛细节刻画包围，但人物面部却显得安详而庄严，简洁的刻画与烦琐的装饰形成强烈的对比。科潘的建筑装饰雕刻也有大量的高浮雕，近似圆雕，如球场象形文字石阶上面的高浮雕人物似乎要脱壁而出。

 链接

真是火箭设计图吗？

1950年，在帕伦克神殿的"铭文神庙"的墙壁上，考古学家发现了一幅类似"太空人"打扮的浮雕，立即引起了很多人的关注。因为浮雕上人物的打扮俨然就是一副太空人的打扮。更神秘的是，在类似太空船的流线型物体尾部，还刻画有喷出的气体，很像是火箭上排放出的废气。

这幅浮雕到底想要告诉人们什么呢？难道是玛雅人想用他们熟悉的象形文字和绘画来向人们表达他们所知道的天外讯息吗？难道这只是他们的凭空想象？但是，如果没有真实的形体出现在他们面前，以当时人的智慧，他们是如何想象出一个乘坐太空船的人所使用的一切复杂装备呢？

这副浮雕所刻画的各种技术特征都是当时的科技水平难以达到的。在一个前端尖形的流线形物体上，坐着一个有独特体形的人物——"太空人"，他头戴盔甲，盔后飞扬着两条辫子似的管子，这个人弯着腰和膝盖，双手正在操纵着一些操纵杆，位置较高的一只手似乎正在调节把手般的东西，较低的那只手的四根指头，似乎在操纵类似摩托车把手般的控制器，双眼前视。左脚类似踩在有几道槽痕的踏板上。操纵杆前面并排着许多复杂的仪器，操纵者后面有个类似内燃机的物体。类似氧气瓶的物体放在鼻子前面的束缚皮带中。在太空船舱内中央系统前面，可以清楚看到"大形磁铁"，它们的用途显然是在制造"太空船舱"周围的"磁场"，以便阻止"在太空中高速飞行的太空船"与"浮游在太空中的分子"碰撞。"太空人"的后面，有一座"核子融合炉"，两颗可能是最后出现的氢和氦的原子图案呈现在炉中，而更重要的一点是在这流线形物体尾部，还画有类似瓦斯喷出的气，显然是火箭上排泄出来的废气。

若将浮雕的各点综合起来推想，当时玛雅人可能已设计出这种形式的火箭，也有宇宙飞行的经验。然而看这张"火箭图"，如果真的要制造这样一

艘火箭的话，需要极高水准的机械制作技术、冶金术、燃烧工学和正确的电脑技术。而当时的玛雅人都不知道有金属，他们怎么能制造出火箭呢？

假如图中所画的果真是火箭的话，不可能是玛雅人制造的，那火箭又是何人所造？造于何时？难道真的有外星人曾来到地球上，跟玛雅人有过亲密接触吗？

精美的木雕

玛雅人的雕塑，除了逼真的石雕以外，他们的木雕也非常精美。不难想象，玛雅人是如何费尽心机地想尽一切办法来防止这些艺术品腐烂的。否则这些易腐烂的材料，很难熬过玛雅地区潮湿的环境。

蒂卡尔5号神庙门廊上的木雕，是玛雅木雕技艺最完美的表现。

这座神庙建造于公元750年左右，神庙的每个横梁都有4至10根常青树的柱子作支撑，柱子的长度从2米到5米。门梁上的图案，刻画了一条装饰精美的羽蛇：它的身体中部成拱形，形成了一个神龛，它的头朝向左方，从它宽阔的嘴中露出的是一个神的上半身，羽蛇尾巴朝向右方，以两个旋涡形装饰纹结束。象形文字填满了这个布局的左上方和右角，在布局的顶端，在象形文字的饰板之间刻画着一只巨大的张开双翅的鸟——绿咬鹃或者是玛雅的献祭鸟。在由向上拱起的羽蛇的身体构成的神龛中，是一个坐在宝座上的祭司形象。

在奇琴伊察也发现了类似的木刻横梁，保存良好的木制横梁横跨在大球场西墙顶端的"美洲虎神庙"的内部门道上。支撑这个横梁的两根柱子上都雕刻着同样的花纹：中间有一个人型的太阳圆盘，在外围是一个缠绕在羽蛇中间的人像。两个人面部都朝向中间的神坛。横梁上最初也雕刻有浮雕，但那些浅浮雕不知何故被刀砍掉了。

色彩缤纷的绘画

多彩的调色板

玛雅人在绘画上虽没有达到雕塑那样的水平，但也成绩斐然。那些绘画用取材于植物和矿物的颜料画成，比如他们懂得从蚁穴的氧化铁中提取红色颜料。画笔是用人的头发制成的毛笔，故而画起来线条流畅，色彩表现力相当强。

为了绘画，玛雅人的调色板上颜色繁多，用色彩缤纷来形容一点儿都不夸张。

光是红色，就可以用昏暗的紫红色到鲜艳的桔红色再调和出多种不同的红色；玛雅人习惯用铜黄色来勾勒轮廓，可是又不单单局限于黄色，他们会把黄色和黑色调和在一起，以形成一种新的颜色——暗褐色；聪明的玛雅人也会用不同比例的红和不透明的白色混合成粉红色；他们的调色板上，还有各种不同的绿色，这些绿色从橄榄绿过渡到近乎于黑的暗绿色；但玛雅人调色板上的蓝色却似乎只有一种，只不过他们涂抹的物体不同，就会呈现出不同程度的蓝色，在不透明的物体上涂上蓝色可以得到普鲁士蓝，直接涂到白颜色的灰泥上就会成为明亮的天蓝色。

玛雅人是从什么地方提取出这些不同的颜料的呢？经科

学分析，玛雅人使用的颜料多源于蔬菜和矿物。

科学家发现，在尤卡坦半岛有很多能用来制作优质染料的树，玛雅人就是从这些树中提取出他们所需要的颜料的。

随着对玛雅文明研究的深入，科学家又有了新的发现。他们对奇琴伊察城的壁画所使用的颜料做了分析，发现这些颜料大部分是矿物质颜料。科学家推测玛雅人之所以会改变他们的颜料来源，可能是害怕蔬菜颜料时间久了会褪色。他们用的红色取自赤铁矿，而黄色来自赭色泥土和黏土，碳和其他碳的化合物是黑色颜料的主要成分。

至于玛雅人为什么喜欢用蓝色，科学家们一直迷惑不解。在玛雅文化中的蓝色颜料，色泽艳丽并能够长久保持，它们分散于玛雅遗址中，至今仍然存在于鲜有人知的古代遗迹中。蓝色在玛雅文化中具有特殊的含义，它常出现在与神灵相关的各种祭祀活动中，并在其他仪式中也经常被使用。虽然科学家早就知道，它是由化学物质结合靛蓝的粘土矿物合成，可是玛雅人是如何制作蓝色染料的呢？至今没有合理的解释。

玛雅的壁画

玛雅人的绘画虽然没有达到雕刻那样高的水平，但也不失为世界艺术史上的重要成就。玛雅的绘画作品多是用以装饰房屋墙壁的壁画。

在玛雅地区发现的现存最古老的绘画是1937年在乌瓦夏克吞被卡耐基研究院发掘出的一所建筑的壁画。

乌瓦夏克吞是玛雅文明时代佩滕地区中部的一座城市。

在玛雅文明的前古典时期晚期，乌瓦夏克吞同蒂卡尔进行对抗。它建有重要的仪式性建筑并且雕刻有巨大灰泥立面。但是自4世纪到8世纪，乌瓦夏克吞一直都被相邻的蒂卡尔控制着。到了玛雅古典期结束时，乌瓦夏克吞才再度雕刻自己的纪念碑并宣称其从蒂卡尔的控制下独立。

这幅最古老的壁画可以追溯到公元593年以前，是在乌瓦夏克吞被蒂卡尔统治时期完成的。此建筑饱经沧桑，其中的一些房间是柱泥结合的屋顶结构。壁画是由黑色、红色、橙色、黄色和灰色构成，有4英尺零1英寸宽，9英尺零10英寸高。刻画了26个人物形象，排列在两个平行的饰板上。其间点缀着几个象形文字的饰板。画面无疑描绘了一些重要的仪式。

而玛雅最辉煌的绘画作品，是堪与中国的敦煌、印度的阿旃陀、希腊克里特岛的诺萨斯相媲美的玛雅"画厅"，被发现于墨西哥恰帕斯州东部的博南帕克村。

博南帕克的台地山陵曾是玛雅文明兴盛并衰落的地方，郁郁葱葱的树林遮掩了一座小寺庙，昔日金壁辉煌的拜神大殿已成为废墟，然而它却依旧像一位老者用浑厚低沉的声音诉说着玛雅人的过去。

在明亮的阳光下拾阶而上，在木轴的咿呀声中推开门，也许光线的反差会让眼睛一时还不能看清庙宇中的壁画，但是这正像破烂口袋中的珠宝，一旦倾倒而出就会使人眼花缭乱。

1946年，美国探险地理学家吉尔斯哈里首次发现了这些壁画。"博南帕克"在玛雅语中即是指壁画墙的意思。

画厅分为三间，每间画室的内墙上都布满精美的彩画。制作年代一说是公元13世纪末，一说是公元6世纪至11世纪,但从内容上看,有一组画反映了公元前到公元8世纪的生活。

这些壁画的内容涉及庆祝仪式、战争与凯旋、贡献俘虏等重大事件。因此,场面不是设在王宫大殿,就是选于兵戈沙场。人物众多,但构图疏密有致,丝毫不乱。

比如三间画厅中的第一间。房间结构与其他两间一样,屋顶在四边墙上以较大的坡度向上延伸,最后汇聚于顶梁。从墙根至屋顶,全部成为画师们的画布。四墙以淡海蓝色为底色,描绘有仪仗队。屋顶的四面以土黄色为底描绘领主和其他首领,用浅天蓝色为底描绘神的面具。三层构图分割井然有序。其间人物肤色为棕红色。仪仗队成员各人手持铙钹鼓号、羽扇火把,一字排开,将三位战将围在中间。战将们全身披挂,还带着用神圣的克沙尔鸟的绿羽毛做成的头箍。所有人物比例准确,形态各异。线条流畅、着色精细。

屋顶部分的总体色调更加明亮。下面三分之二画面描绘"真人"接见14位首领的场面。首领们一律白袍加身,头戴各种不同的羽饰或动物头骨,耳朵、手腕、脖子等处各有不同的玉制饰品。他们的衣物或简或繁,但相较一般平民要华贵得多。画家在以白袍统一他们的身份之外,尽可能地表现他们的个体差

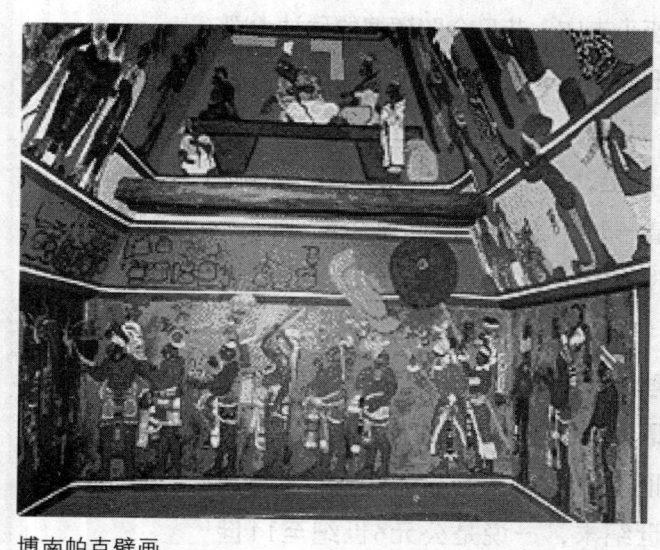

博南帕克壁画

异。体态肥瘦、神情张弛、举手投足、左顾右盼，都有区分地加以表现。虽然不能说有《最后的晚餐》那么传神逼真，至少也使这些身份相同的十几位人物充分保持了个性，毫无雷同之感。

他们的旁边就是领主的御座。那是一个很大的石台，占满了较窄的那面屋顶，还延伸到相邻的两边。石台上又搭了一个石桌，领主身着便装很随便地坐在上面。与他同座的还有他的妻子。领主侧身望着一个抱着小孩（可能是王储，他正在观看这一盛大的场面）的仆人，好像在叮嘱着什么。旁边阶下有众多仆人在忙碌。

在御座的另一边是下面墙体上出现的那三位将领。不同的是，在这个场景中，他们正在仆人们的服侍下披挂起全副行头。画面上的他们是所有人物中着装最鲜艳、勾画最繁复的。他们身披美洲豹皮，挂着很大的玉石项链，还戴着玉石耳环、手镯，正等着仆人把羽制头饰佩戴起来。

屋顶最上部分勾画最为细致。神的面具由各种横竖平直但末端呈须状卷曲的线条（色条）组成。用色复杂，但和谐统一。颇像中国的戏曲脸谱，但从轮廓来看更像中国老式门环上的兽形图案。

整个画面如此有序地组织在一起。总体上看色彩缤纷绚烂；从细部看，上色细致，人物姿态生动。置身其间，仿佛听到人声沸扬、鼓乐喧天，看到众人奔忙又秩序井然。

陶瓶上的绘画

瓶画就是在小小的陶瓶上绘以精美的图画，玛雅人的绘画天赋不经意间也会展现在他们的容器上。

在雅克齐兰玛雅遗址出土的陶器上充分体现了玛雅人的瓶画天赋。

雅克齐兰瓶画的主题多是描绘玛雅贵族生活和政治活动的场景。在美国华盛顿的巴顿奥卡斯博物馆里收藏着一个出自雅克齐兰玛雅遗址的彩绘陶瓶，在这个陶瓶上描绘着一个玛雅城邦首领刚出浴的情景。

在这幅画里所有的人都是半身装扮，他们个个裸着上身，下身围着腰布。就连首领也不例外，只有头上的羽毛头饰显示着他非同一般的高贵身份。这位首领屈腿而坐，站在他一旁的仆人手里捧着一面硕大的黑曜石镜子，恭敬地在一边伺候他的主人着装打扮、整理容颜。首领后边的另一个仆人将两手放在嘴边，嘴巴微微向前噘起，似乎有天大的秘密要告诉他的主人，以示自己的忠诚。

这幅瓶画色彩简单，人物用简单的线条勾勒。在这幅画中，画家用浅黄色的陶土作为整图的背景颜色；至于皮肤的颜色，他选择了土红和深赭色，这两种颜色把玛雅人那种几乎融于大自然的健康肤色体现得淋漓尽致。

虽然只是小小的瓶画，可是画家在这幅画上下的功夫，绝对不比在壁画上下的功夫小，他作画时为了打破同一色调带来的单调，人物的眼睛、头饰、手镯、缠腰布以及仆人身后的浴巾、地上的水罐等器物上都点缀着白色。首领的羽毛头饰、仆人颈部垂下的发带末梢是明亮的湖蓝色，整个画面跳跃明快。

陶瓶虽然小，但丝毫不妨碍画家在上面绘制精美、鲜活的图案。在画家的笔下，一个个有灵性的人物仿佛活了起来，呼之欲出。

玛雅人的瓶画，几乎可以和希腊瓶画相媲美。其中，从乌瓦夏克吞的石头垒制成的坟墓中找到的彩绘容器可以说明这一点。

根据这座坟墓里的豪华陪葬品来判断，这肯定是阶层较高的人的墓葬。在这座墓室里，科学家发现了一个彩绘的花瓶，这个彩绘花瓶上的人物形象用褐色勾勒出轮廓，用黑色和不同深浅的黄色填充，图案刻画了一个坐在宝座上的祭司，面向中部的象形文字的饰板。在他身后站着一个侍者，全身漆黑，手握一块奇形怪状的燧石。另一个侍者在祭司头上打着羽毛华盖。象形文字饰板左边有三个人像。其中两个站立着的人像也被涂成黑颜色；一个拿着奇形怪状的燧石，而另一个拿矛；两人都穿精致的外衣。在他们中间是捧着两个合扣的碗卧着的美洲虎。花瓶的背景色是鲜艳的橘红色。顶部有一排象形文字，在人物之间穿插着象形文字的饰板，16个象形文字的主饰板是画面的中心，所有的人物都朝向它。

除了前边提到的彩绘花瓶，这个坟墓中还有一些同样精美的彩色容器。其中有11件陶器，它们中的九件是彩绘陶器。

其中的三足平盘是一件尤其精致的作品，盘子的底部有个小孔，很明显这件容器象征礼仪上的"精神的释放"，代表它可以陪伴盘子的主人走过通向另一个世界的漫漫长路。

盘子的图案用黑色勾勒，轮廓用黑色和红色描绘，背景色是赤土色。一个用脚尖站立保持平衡的舞者正在演练一种舞步；他的左手以一种优雅的姿态向外翻转，右手轻轻地放在臀部旁边。线条的流畅以及图案与圆盘令人惊叹的吻合都显示了绘制者不俗的水平。

除了在乌瓦夏克吞发现了玛雅人的彩绘容器以外，在尤卡坦地区也发现了一些绘制的花瓶，虽然它们可能不是在当地制造的，但是也反映了玛雅人的艺术天赋。

其中有一个花瓶描绘的画面上右边是一棵树，树干上映出了一个人脸的轮廓。有两个人分别为坐在两根树杈上，一条羽蛇缠绕在树干上。右侧还有一个站立的人像在吹一个海螺。树杈下卧着两只鹿，右侧的鹿缠绕着绷带。左半侧的构图刻画了面朝鹿的两个人，好像要卸下鹿角，鹿面前的一个人抓着一只鹿角。鹿的背上有一块装饰着交叉的骨头的毯子。左边的三个人都穿着美洲虎皮的短裙。鹿的上方盘旋着一只用鹰样的嘴捕食的白鸟。这是幅画描绘了在尤卡坦的3月份鹿脱角时举行祭祀仪式的场景。

精美的小陶像

在考古研究中，陶器也是重要的内容之一。玛雅人的陶器比他们的石碑和城市建筑出现得还早，它简直就是玛雅整个文明发展过程的见证人，它见证了玛雅文明从公元前1600年的南部村落生活一直发展到公元十六世纪被征服前玛雅社会发展的整个历程。

玛雅人制作的陶器主要用作饮食器物、乐器、祭祀器物及殉葬品。在玛雅文明初期露天烧制的陶器形体较为粗笨，材料以黑陶为主，饰纹简朴。古典期时，玛雅的制陶技术达到了鼎盛，器物表现的主题多与宗教祭祀、宫廷生活、战争、贸易有关。后古典期早期，在危地马拉出现了铅釉陶制造中心，人们以高温在密封的窑里烧制陶器，此时的陶器已具有了真正意义上的釉面。后古典期晚期的陶器常常绘有该时期特有的色彩——绚丽的"玛雅蓝"，陶器的着色更为丰富。

在玛雅的陶器中，最有名的莫过于在海纳岛出土的小陶器。海纳岛位于尤卡坦半岛北部西侧的墨西哥湾中，离海岸仅数十米。这是一座面积不大的岛，岛长1000米，宽750米，这里也是古代玛雅人的墓地。在岛上的一个巨大墓穴里，发现了大量的小型陶塑人像。这些陶器通常都是握在死者手上，所以尺寸很小，不超过30厘米高。

这些小陶器个头虽小，但表现的题材却极为广泛，有各种人物和大量细节的刻画。它们代表着玛雅社会形形色色的人物：祭司、宝座上的首领、武士、球艺竞技者、舞蹈者、乐师、手工艺工匠等。它们很有表现力，不论是脸部还是整个人物形态都显得富有生活气息，仿佛是生活中的速写。同时这些人物又具有庄严的外表，除尺寸太小外，完全具有纪念碑的性质。其中还有成组的雕刻，如主人与仆人、母与子，还有留胡须的老人、矮子和驼背等形象以及大量的动物形象，这些都塑造得极为细致、生动，有生气。

在墨西哥城人类学国立博物馆里，收藏着一尊在海纳岛发现的小陶像。这尊小陶像身高不足27厘米，个子虽然不高，但极其富个性。它刻画的是一个气宇轩昂的男子形象，他身披大斗篷，庄严的伫立着。他那高高昂起的头颅，高耸的鼻梁、健壮的身躯、挺起的胸膛，都在告诉人们他不是一般的玛雅平民，而是一个贵族。在他的头上是高耸的发髻，一对圆形的耳饰挂于两耳，在他的颈上还挂着一串碧绿的翡翠珠链。沉重的斗篷从肩上直垂到肘部，手腕上是玉石块穿成的筒形手镯。他的双手放在身体前，手里握着一件拧成条状的东西，形象颇为逼真。

海纳岛上发现的一些妇女形象的小陶像也是非常著名的。这些刻画玛雅妇女形象的小陶像形态各异，惟妙惟肖。她们个个身着华丽的服饰，有的像是在散步，有的正襟危坐，有的头上顶着一个水罐，像是在做家务。她们的外貌各异，表情也不尽相同，但都表现出了玛雅贵族妇女姿态的仪态万方。

有些小陶像是手工塑成的艺术品，还有很大一部分是用模子做成的。因为作为陪葬品，这样的小陶像需求量很大，往往供不应求，靠手工塑造自然是不能完成的。

然而，令人奇怪的是，这些陪伴死者的道具，往往都被做成了哨子或铃，并且这些哨子发出的声音非常悲戚。玛雅人为什么要把这些能够发出如此凄凉声音的乐器作为逝者的陪葬品呢？这预示着什么呢？至今都是一个谜。

四、玛雅人高超的数学水平

数学，是研究各项科技的基础。但是，由于西班牙征服者好奇和贪心造成的狂热，致使大部分玛雅文化的记录和文献散失了。对于玛雅数学的了解，主要来自于一些残剩的石刻。幸运的是，西班牙的传教士兰达在想毁掉玛雅文明的同时，他的《尤卡坦风物志》却给人们研究玛雅文明打开了另一扇门。他在书中描述了一些难懂的象形文字，这些文字连同其文化传统都被他烧毁了，只留下了出现在天文计算中的记数法，以及玛雅历法的时间计算，但没有有关他们数学和建筑方面成就的书面上的东西。因此，任何的结论都只能是一种假想，玛雅的数学，从仅存的资料中得知其包含：零、数的系统等。

"0"的诞生

玛雅人就好像是天生的数学家，他们有自己的一套数学体系，在这个体系中最先进的便是"0"这个符号的使用了。玛雅人是第一个使用"0"这个概念的人，比亚非古文明中最先使用"0"这个符号的印度还要早一些，比欧洲人大约早了800年。玛雅人对"0"的写法与其他文明相比也是别具一格的。

玛雅人发明与使用"0"这个数字是在公元前4世纪或3世纪时，这是一项卓越的智力成就。有了"零"这个概念，玛雅人的数学不再只停留在从数字"1"到数字"9"这些数字上，他们会把这些数字跟"0"结合起来来计算他们的日期。玛雅祭司发明了一套利用位置来推算时间的系统，即累计日法，其中就大量地使用了"零"的概念。

玛雅历法的基本单位是天或金。比金更大一级的单位是乌纳，它是由20金组成的。这看起来好像是二十进制，可是玛雅人为了修正他们的历法，作了一下简单的调整。比乌纳更大一级的数量等级单位是盾，由18乌纳组成，而不是20，同理，1盾是由 360 金组成，而不是由400 金组成。这样一调整，1盾就约等于玛雅太阳历的长度。

在三个数量等级之上另外六个数量等级都是二十进位，以下我们就可看出这九个数量等级单位间的关系。

1金＝1天

20金＝1 乌纳（月）即20天

18乌纳＝1 盾（年）即360 天

20盾＝1 卡盾即7 200天

20卡盾＝1 伯克盾即144 000天

20伯克盾＝1 皮克盾即288 0000 天

20皮克盾＝1 卡拉盾即57 600 000天

20卡拉盾＝1 金奇盾即1 152 000 000天

20金奇盾＝1阿托盾即23 040 000 000 天

第五个数量等级伯克盾，最初被现代学者称之为"循环"。古代玛雅人却把它称为伯克盾。

玛雅人的数字符号

古代玛雅人使用两种符号来书写他们的数字，第一种是用横条加圆点来书写；第二种是用头像来书写。

在第一种数字符中，他们用圆点代表数值1，用横条来代表数值5，而且用圆点和横条的不同组合书写数字1～19。而19以上的数字用位移来表示。

玛雅横条加圆点数字符比罗马数字简单，而且在两个方面优于罗马数字。罗马数字书写1～19，必须运用3个标记符Ⅰ、Ⅴ和Ⅹ来表示，而且在这个过程中还要运用加法和减法：Ⅵ是Ⅴ加上Ⅰ，Ⅳ是Ⅴ减去Ⅰ。而在玛雅横条加圆点数字符中，只需运用圆点和横条的一种运算形式，即加法。

玛雅人的第二种数字符，就是用不同的头像来代表数字1～13和零。这种玛雅头像数字符可以和阿拉伯数字相媲美，这些头像数字符是14位保护神的头像。10的头像数字符是死神的头像。在构成数字14～19的头像数字符中，瘦骨嶙峋的下巴被用来代表数值10。例如，如果头像中的下巴代表6，那么它会用头像中大眼窝中的一对相交叉的横条来表示，这样整个头像就代表数字16。很可能代表数字1～13的是天堂中13位神灵的头像。但是数字11的头像数字符至今仍未被确定。

在用横条加圆点数字符书写19以上的数字时，古代玛雅人使用了位移系统计数法。在我国的十进制系统中，十进制中小数点向左移一位，数字就扩大为原来的10倍。在玛雅二十进制系统中，将圆点由下向上移动一位，数字就扩大为原来的

20倍，就像刚刚提到的那样，唯一的例外是在计算时间时，第三个数量等级是18而不是20，为了举例说明这个问题，让我们看一下玛雅人是怎样书写数字20的。在第二位上是"1"，第一位上没有任何元素。这就很有必要在最低位置上书写一个代表"0"的标记符以表明第一位上没有任何元

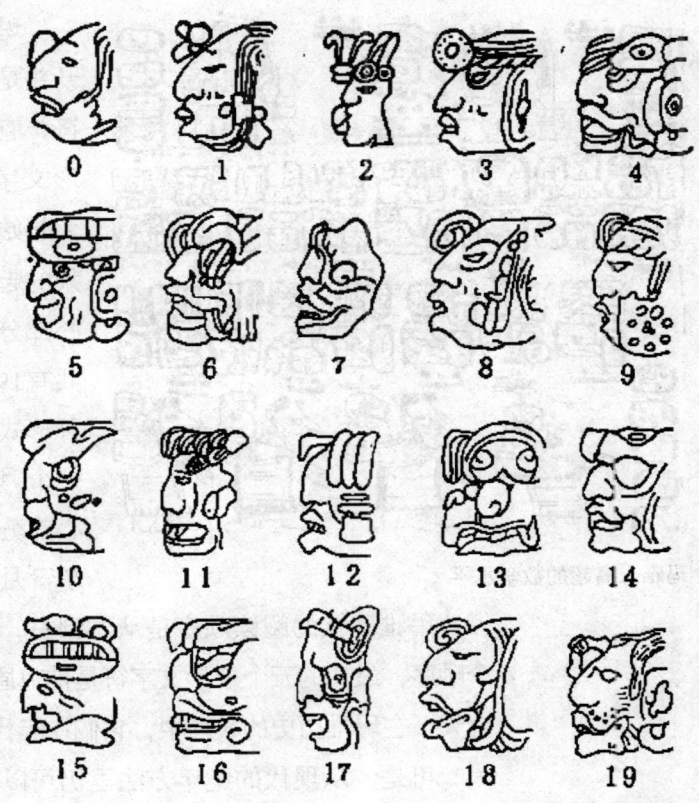

玛雅的头像数字符

素；依照玛雅传统我们用贝壳来代表"0"，这是玛雅人最常用的代表"0"的标记符。因此在最低位置上放置一个贝壳，以标明第一位是"0"。在第二位上书写一个圆点，以标明是一个进制单位二十，这就是数字20的写法。

初始数系方法

随着玛雅人对数学研究的深入，他们记载日期的方法有了新的突破。英国考古学家和探险家A·P·莫斯莱将玛雅人研究出的日期计算方法命名为初始数系方法。这种时间的计算方法因它在雕刻文字中处于起始位置而得名。

解密 文明古国

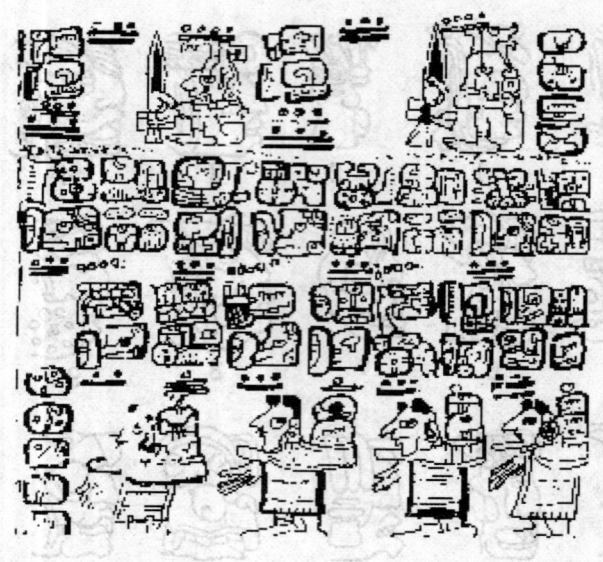

玛雅人高超的数学水平

玛雅人的初始数系的开头是一个巨大的象形文字符,它的大小通常是其他象形文字符的4倍,人们称之为起始象形文字符。这种巨大的起始文字符只是在其中心部分的图形有些变化,一共有19种不同的形式,每一种形式都代表着玛雅每年的一个月。这些起始文字符中心部分不同的图形很可能是掌管月份的保护神的名符。

玛雅碑铭的阅读顺序是从左到右,从上到下的。遵循这个顺序,最初的五个象形文字符是伯克盾、卡盾、盾、乌纳和金天,在玛雅历史的长河中,它们在年代纪元之后流逝。

可是,从现代的纪年方法里仍可以找到玛雅人初始数系的影子。在玛雅初始数系里,代表时间的单位是天,现代代表年代的单位是年,但这两种系统在记录方法上是非常相像的。可见现代使用的纪年方法与古玛雅人的纪年方法有着异曲同工之处。

然而虽然相像,也是有差别的。

在现代纪年法中,现代人如果要书写日期1956年12月31日星期一时,对于1956年,1在千位上,9在百位上,5在十位上,而6在个位上,它们都是以耶稣的诞辰日为纪元的。

当古代玛雅人书写初始数系9.17.0.0.0即13阿霍18孔姆库时,它们的意思是9这个时期代表144 000天(9伯克盾),17这个时期代表7 200天(17卡盾),第一个0这个时期代表360

天（0 盾），第二个0 这个时期代表20天（0 乌纳），最后这个0 时期代表1 天（金），是以他们的年代纪元为起点的。卓尔金历指明的终点日期（在这里指的是13阿霍），通常位于起始象形文字符后的第六位上，即紧接在初始数系数字的最后一个时期单位（金）后边。

利用这种简单但非常有效的数字系统，古代玛雅人可以精确地确定他们年代代表的任何一个日期，而且在374 440年这个大周期再次循环前，日期不会重复。这对于任何一个年代系统来讲，都是一项伟大的成就。

数学成就发挥的作用

古代社会中，天文、历法、农事总是密不可分的，而它们的基础又都在于计算。玛雅人在数学上的卓越成就，使他们在天文知识、历法系统、农事安排上都表现出一种复杂巧妙而又井然有序的从容自信。

他们采用多种历法，每个日子都有四种命名数字却丝毫不乱。不借助任何特殊仪器，仅靠观星资料，每年都能准确定出分、至日，以及各种重要星辰会合日的出现。充分掌握天气变化规律，准确计算出雨季、旱季的始终，为农业生产提供最重要的保障。这全是他们卓越的数学天赋在发挥作用。

玛雅的数学成就还表现在他们超群的建筑成就上。

众多巨型建筑和建筑群落的定位、设计，牵涉到太多的数学问题。建筑本身就是凝固的数学和艺术。玛雅特有的尖拱门造型也蕴含着精巧的数学思维。当然，还有许多用来展现他们天文学知识的建筑，比如观察分、至日的建筑群。丈量的精确性、定位的相互呼应都需要分毫不差的数学才能，如此才使我们今天依然能透过断壁残垣看到特定的奇景。

玛雅人在数学方面的造诣，使他们能在许多科学技术活动中解决各种难题。但可惜的是，有关玛雅数学的图书或文献一本也没有留传下来。这些消失了的数学与科学文献，是失落了的玛雅文明最为幽深的一角。

五、神秘的玛雅天文历法

不可思议的天文

玛雅人在数学方面超乎寻常的造诣，极大地促进了他们在天文历法学方面的发展。

玛雅人是非常杰出的天文学家。当中国古人还仅仅满足于记录天文资料并用来进行占卜的时候，玛雅人已经开始认真观测、研究天体的运行规律了；当古希腊人还只能借助于美丽的神话传说描述天空和星体的时候，古玛雅人的天文学成就已经十分接近现代的水平了。

玛雅的天文学家们虽然没有望远镜或其他观察夜空的有效工具，但是他们找到了能增强肉眼观测能力的种种办法。其中最常用的办法就是建造高大的天文观测台。

古代玛雅人的天文观测台修建得相当普遍，也非常科学。在中美洲丛林中发现的古代玛雅人遗留下来的著名的奇琴伊察天文观测台，就是具有代表性的古玛雅天文观测台。

许多天文学权威人士认为，古代玛雅人所拥有的天文学知识比公元前古埃及人拥有的还要丰富。古玛雅人掌握了丰富的关于地球公转周期、月球绕转周期等方面的天文学知识。然而，他们却并没有望远镜、星盘，也不用分数计算。那么，他们到底是用什么办法获得这些知识的呢？难道真如传说中所说的那样，靠神的指示或外星人的帮助吗？

原来，奥妙在于观察方法。如果观察视线足够长，将观察到的周期误差缩小到一天以内是可以做到的。玛雅留下的观星台从下面望上去大都高耸入云，有些还整个儿建在一层平台上，与气势恢宏的建筑群融为一体，显得壮观非常。

是什么原因促使玛雅人去建造如此高大的天文观测台呢？这似乎很令人费解，但想到它身处密密匝匝的热带雨林深处，就能感受到玛雅人的良苦用心了——玛雅人唯有垒起高高的塔台，才能从密林之上望及远处的地平线，从而达到精确观察所必需的视线长度。

在古玛雅社会里，玛雅祭司们全权负责所有天文观察任务。他们要登上高30米左右的观察塔，走进塔顶的庙宇，从观察室里向外观察。用来确定观察点的是一个十字形的结构，从这一点参照远处地平线上的某些固定标志，如两山间的山凹或某座山的山顶，观察太阳、月亮及其他星辰的升起和降落位置。然后从这些位置的周期性变化计算出星辰会合周期，推算出星辰的运动规律，预见日蚀、月蚀以及其他并升、并落等现象。

玛雅人建造的天文台无论是从功能上还是外观上都是令人称奇的，它们拔地而起、高耸入云。令人不解的是，玛雅人究竟是如何将那些巨大石块搬运到丛林深处并建起如此高大的天文台的呢？时至今日，谜底仍未揭晓。

玛雅人利用这些高大的天文台建立起了他们的天文观测网。这不能不说是人类文明史上的奇迹，也难怪有人会怀疑玛雅人是外星人的后裔。

令人诧异的历法

玛雅人在探寻时间的量上表现出了极大的兴趣。他们精确测算出了月亮、太阳、金星等天体的运行周期。一些学者惊奇地发现，玛雅人的历法是世界上最完美的历法！

玛雅人的历法体系由3种历法构成，即神历、太阳历和金星历。

神历亦称卓尔金历，在墨西哥尤卡坦的玛雅语中意为"日期计数"，是玛雅历法的基石。按照这种历法，每年有260天，分别由20个神明图像和1到13的数字，不断组合循环，类似中国的天干地支不断搭配组合一样，得到260种组合图标，分别代表260天。

但奇怪的是，这种纪年法不是以地球上所观察到的天体运行情况而测算出来的。而且在太阳系内没有一个能适用这种历法的星球。依照这种历法，这颗行星的大致位置应在金星和地球之间。由此，敏感的人们有理由怀疑，这种纪年法来自他们的祖先，而他们的祖先则来自另一个星球。

玛雅的太阳历是根据天文测算而来的。一年分为18个月，每个月20天，另加5天作为禁忌日，这样全年就是365天。精于星象观测的玛雅人经过长期观察、周密计算，将一年的长度修正为365.242129天，这同今天科学测定的绝对年长365.242198天的数值，相差不足千分之一！精确率远超过当时的世界水平。

玛雅人以360天为1盾，20盾为1卡盾即7 200天，20卡盾为1伯克盾即144 000天，这便是计算历法的单位，最大的称为阿托盾，共有23 040 000 000天，约6 400万年。如此庞大复杂的历法，在世界其他古文明的历法中是绝无仅有的。太阳历中每年度从冬至那天开始,第一个月叫亚什。玛雅的历法与农业季节联系相当紧密,有"播种月""收割月""举火月"(即烧荒地)等。

所谓金星历,就是指金星环绕太阳公转一周所需要的时间。不知何故,玛雅人对金星有着特殊的情结,因而他们对金星给予了特殊的关注。

在玛雅文明古典时期的早期以前,玛雅的天文学家们就总结出了金星的运行规律,然后计算出了金星的运转周期。他们发现,总是当地球绕太阳运转8圈的时候,金星绕太阳转动5圈。然后再重复循环,于是他们用8个地球年的时间除以5就得出了金星年为584天。这和现代科学家测量出的结果583.92天相比,每天的误差不足12秒,每月的误差才只有6分钟。

玛雅人还准确地推演出这几种历法的神秘关系,卓尔金年、地球年、金星年,它们三者间隐藏着一个神秘的公倍数,从而推导出有名的金星公式——

卓尔金年260天×146=37 960天

地球年365天×104=37 960天

金星年584天×65=37 960天

这些公式的意思是说,每一种周期经过37 960天后,便会相遇在一条直线上,而根据玛雅人的神话传说,那时神祇就会到一处宁静的休息处所,也就是回到他们中间来。那一天是玛雅人最盛大的节日,要倾情庆祝。

玛雅人非常重视这套复杂而精细的历法,他们在许多纪念碑和神庙的石刻铭文中对此都有记述,仅存的几部玛雅抄本亦然。正因为有这样详细的编年记录,才使我们对玛雅历史的了解比对美洲其他民族的要深入得多。

在以千万年为单位推算的无尽循环的漫漫历史长河中，玛雅人认识到生与死都如同朝露，这种强烈的沧桑感是玛雅世界观的精髓，所以在他们的艺术作品中充满了对时间无限循环的颂扬和对人生短暂、世事沧桑的感慨……